● 시각적 구조화 사례 사진 자료 ●

학교에서의 구조화

❶ 초등학교 특수학급의 구조화 사례. 개별 학습 공간과 교실 안쪽(사진 오른쪽 위 주황색 부분)에 휴식 공간을 두었다.
❷ 개별 학습 공간. 옆자리와 칸막이로 구분되어 있다. 오른쪽 선반에 과제를 담은 상자를 둔다.

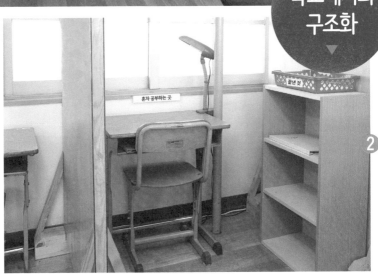

혼자 공부하는 곳

1

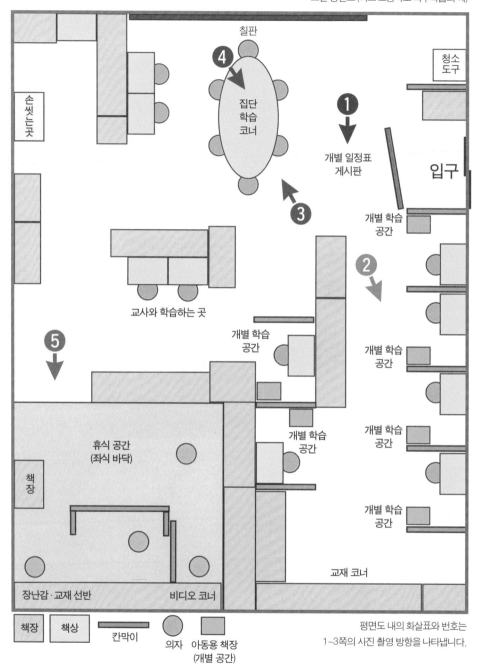

❸ 집단 학습을 위한 코너. 책상 위에는 '다 함께 학습하는 곳'이라고 표시되어 있다.

❹ 교실 입구 가까이에는 개별 일정표를 거는 게시판이 있다.

❺ 휴식 코너는 좌식 바닥에 소파를 두어 책을 읽거나 비디오를 시청할 수 있다.

위▶이 초등학교는 교내 전체의 시각적 구조화에 열심이다.

오른쪽▶가방을 두는 선반에는 녹색 선으로 구획을 나타내고 있다.
(사진 속 동그라미 표시 안).
제출함에는 무엇을 넣을지가 명시되어 있다(일반 학급).

아래▶청소와 급식에 대한 반별 분담표가 알기 쉽게 게시되어 있다(일반 학급).

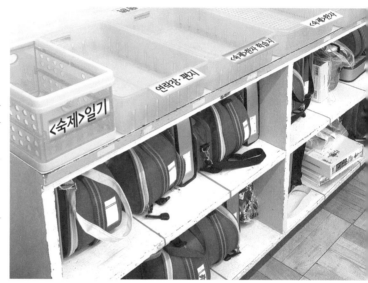

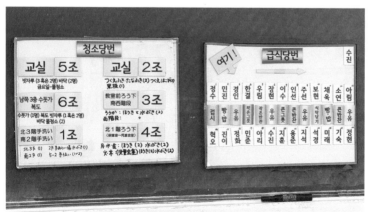

위▶조회 시간에 사용하는 화이트 보드. 조회는 날짜, 요일, 날씨, 출석 확인 등 매일 같은 내용과 순서로 진행된다.

왼쪽▶책상을 닦는 순서를 실제 책상에서 보여 주는 견본

아래▶체육복을 개는 순서를 보여 주는 사진 카드와 개는 법을 구체적으로 보여 주기 위해 골판지로 만든 체육복

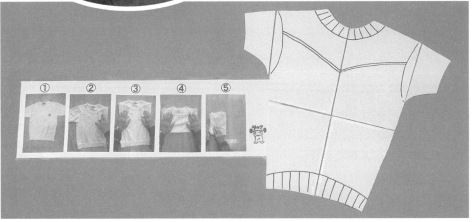

가정에서의 구조화

위▶아이의 방. 침대 밑에는 쉴 수 있는 공간과 비디오를 볼 수 있는 공간이 있다. 각 공간은 칸막이로 분리되어 있다.

아래▶스스로 혼자 과제에 집중할 수 있는 공간. 번호가 붙은 트레이에는 교재가 들어 있다.

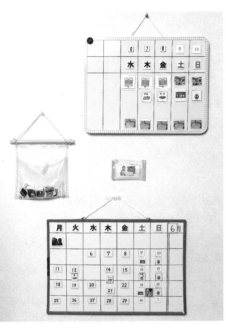

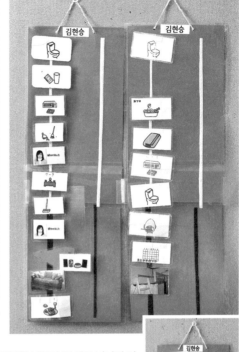

▶일주일과 한달 간의 일정표 게시판. 끝난 날짜와 일정은 매일 떼어낸다.

오른쪽 위▶하루의 일정(실제로는 겹쳐져 있다. 일정표 보드가 두 개로 나뉘어 있는데, 실제로는 한 사람의 일정표 보드이고 카드들은 겹쳐져 있지만 여기서는 카드를 전부 독자에게 보이기 위해 보드를 두 개로 나누어 놓은 것이다. - 옮긴이)

아래▶예정이 변경된 경우, 오른쪽에 새 예정 카드를 붙인다.

7

위▶의사소통 카드를 사용해 간식을 먹는다. 앞에는 칸막이를 세워 주의가 산만해지지 않도록 한다.

아래▶식사 때 사용하는 PECS 의사소통 보드. 아래의 파란 보드(센텐스 보드)를 떼어 의사소통 상대에게 건넨다.

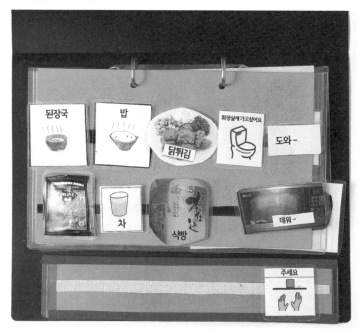

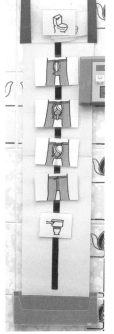

왼쪽▶현관 모습. 구두를 벗어 두는 곳을 그림으로 나타내고 있다. 벽에는 외출 예정 카드를 넣은 포켓이 있다.

오른쪽▶화장실 안에는 소변 보는 방법이 일러스트로 게시되어 있다.

아래▶집안일 돕기. 순서를 적어 놓거나 시각적 지원체계를 사용하여 현관 청소를 한다. 현관에 젖은 신문지를 뿌려 두어 '어디를 쓸어야 하는지' 그리고 신문지를 다 쓸어 담아 조각이 더 이상 보이지 않으면 '청소 끝'을 알 수 있도록 한다.

▶한 사람 한 사람이 자립해서 작업과 과제에 집중할 수 있도록 구조화가 되어 있는 작업장. 혼자 있어야 더 안정되는 사람에게는 개별 공간을 마련해 준다.

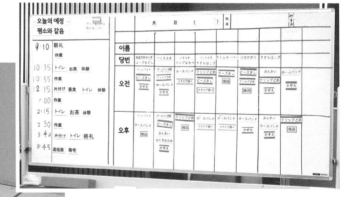

위▶작업 일정표 게시판. 그 날의 전체 일정과 개개인의 작업 내용이 게시되어 있다.
왼쪽▶칸막이로 구분되어 있는 개인 공간. 책상 위 빨간 테두리는 과제 상자를 두는 장소를 나타낸다.

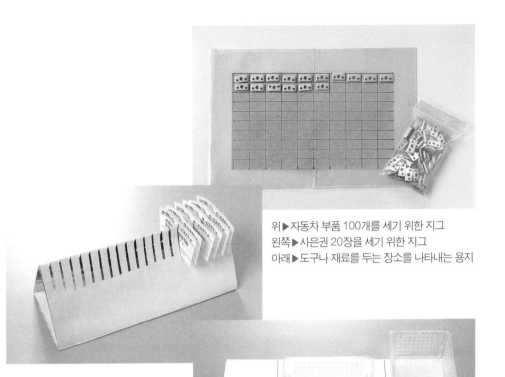

위▶자동차 부품 100개를 세기 위한 지그
왼쪽▶사은권 20장을 세기 위한 지그
아래▶도구나 재료를 두는 장소를 나타내는 용지

아래 왼쪽▶조립한 자동차 부품의 죔 상태를 검사하는 두 종류의 지그
아래 오른쪽▶초밥집에 납품할 일회용 나무젓가락과 작은 접시 세트 5인분을 만들기 위한 지그. 지시서는 작은 접시 안쪽을 만지면 안 된다는 것을 보여 준다.

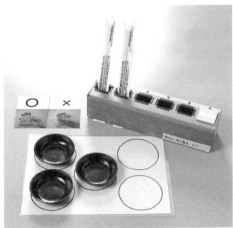

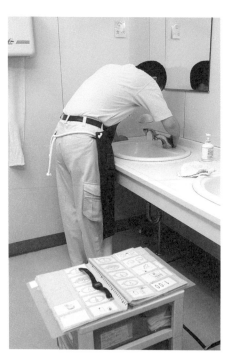

왼쪽▶세면대 청소. 순서 메모와 시계가 놓여 있으나 익숙해지면 보는 횟수도 줄어든다.
위▶화장실 청소에서는 물 내리는 센서 위에 스스로 청소 순서를 적은 번호표를 붙여 작업한다. 청소 후 번호표를 떼어내면 물이 내려가고 청소 종료가 된다.
아래▶일러스트도 사용한 청소 순서 메모. 세제는 쓰는 순서대로 번호 붙인 용기에 일회분씩 덜어 둔다.

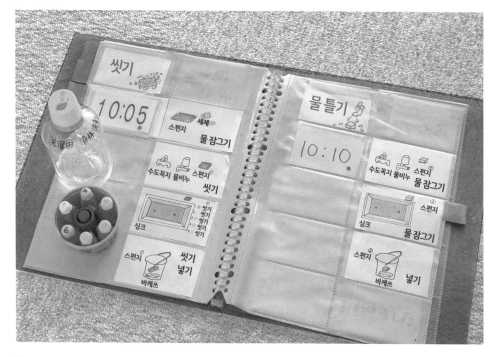

왼쪽 위▶창고 바닥 청소를 위한 준비로 대걸레질 순서를 적은 번호표를 붙이고 있다.

왼쪽 아래▶바닥 청소를 하는 모습. 청소 도구를 실은 카트에는 일정표가 붙어 있다. 이 일정표에 따라 혼자 작업한다.

오른쪽 위▶복사 작업을 하는 모습. 도움이 필요할 때는 잡코치를 불러 묻는다.

왼쪽▶청소용 걸레. 사용할 부분의 순서를 숫자로 표시해 바느질로 부착시켰다.

❶ 사진을 이용한 초보적 일정표
(초등학교)
❷ 여러 장의 일정 카드를 나열해
표시하면 순서대로 집는 것이 어려
운 사람도 있다. 이 경우, 카드를 압
정으로 꽂아 위에 꽂힌 순서대로
빼도록 한다.
❸ 실물을 제시한 일정표. 이 사람
의 경우는 녹색 칼이 휴식, 수건은
화장실을 의미한다.
❹ 전환 공간에 나열하는 일정표
게시판(초등학교)
❺ 사진을 이용한 일정 카드

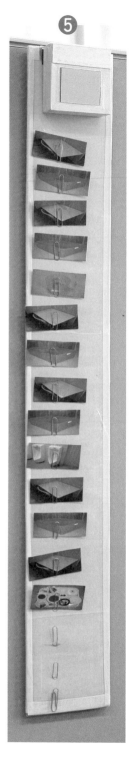

여러 가지
일정표

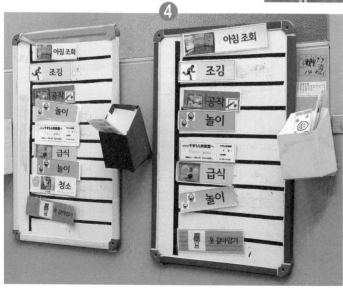

14

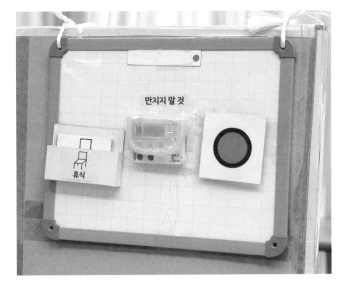

만지지 말 것

휴식

왼쪽▶A씨 전용 일정표. 카드를 위에서 순서대로 집으면서 작업, 휴식, 작업…으로 진행하고 끝난 일정 카드는 빨간 동그라미가 붙어 있는 상자에 넣는다.
위▶휴식 공간의 일정표. 스스로 휴식시간을 설정하는 타이머가 있고, 누르지 않아도 되는 버튼에 커버가 씌워져 있다.
아래▶과제에 집중하기 위한 개별 공간

A씨에게
맞춘 구조화

왼쪽▶의사소통 도구를 이용한 점심식사. 무엇을 먹고 싶은지, 무엇을 빼고 싶은지 요구를 전달하도록 지도한다.
아래▶중학생 이상이 사용하는 휴대형 의사소통 도구

의사소통 도구

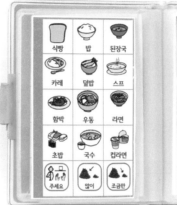

식빵	밥	된장국
카레	덮밥	스프
함박	우동	라면
초밥	국수	컵라면
주세요	많이	조금만

샌드위치	중화요리	스파게티
핫케익	샐러드	피자
프렌치토스트	달걀프라이	감자칩
주먹밥	스크램블	닭고기
소고기	생선	아니요

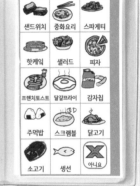

왼쪽▶불안정한 상태일 때 즉시 자신의 행동에 대한 피드백을 받을 수 있도록 룰을 약속한 제시 카드
아래▶종례 시간에 선생님이 읽어 주기를 바라는 책을 요구하는 카드

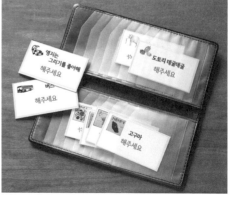

TEACCH 티치

지금 ● 행복하고 ● 건강하게

자폐와
더불어
사는법

사사키 마사미 지음 이윤정 옮김

마고북스

Jiheishouji no tame no TEACCH Handbook
ⒸMasami Sasaki 2008
First published in Japan 2008 by Gakken Plus., Ltd., Tokyo
Korean translation rights arranged with Gakken Plus Co., Ltd.
through Tony International

TEACCH, 지금 행복하고 건강하게 자폐와 더불어 사는 법

1판 1쇄 발행 2019년 11월 1일
1판 2쇄 발행 2022년 06월 15일

지은이 사사키 마사미
옮긴이 이윤정
펴낸이 노미영

펴낸곳 마고북스
등록 2002. 1. 8.
주소 경기도 파주시 탄현면 새오리로 339번길 79-27
전화 02-523-3123 팩스 02-6455-5424
이메일 magobooks@naver.com

ISBN 979-11-87282-03-7 03370

책머리에 – 초판 이후의 전개

2005년 5월 20일 TEACCH(Treatment and Education of Autistic and related Communication-handicapped Children, 이하에서 '티치'로 표기한다.)의 자폐증(현재 자폐증은 '자폐 범주성 장애' 또는 '자폐 스펙트럼 장애'로 불리고 있지만 여기서는 간략히 자폐증이라고 표기한다. – 옮긴이) 프로그램을 지원한다는 타이틀 아래 티치 40주년 축하 행사가 열렸다. 장소는 노스캐롤라이나주 채플힐 근교의 패링턴으로, 미국 전역에서 전문가를 포함해 수백 명의 관계자가 참가했다. 저마다 성의껏 차려입은 사람들이 서로 마음으로부터 친목을 다지는, 그야말로 티치다운 밝음과 소박함이 감도는 행사였다.

참가하지 못한 사람들이 마음을 담아 보내온 메시지가 차례로 스크린에 비춰졌는데, 나에게는 직접적인 친분도 있고 해서 런던에서 마이클 러터와 로나 윙이 보내온 메시지가 특히 마음을 울렸다.

이 두 사람뿐만 아니라 많은 사람들의 메시지는 다음과 같은 내용으로 모아졌다. 즉, 티치 프로그램이 자폐인과 그 가족들에게 준 행복을 말로는 다 표현할 수 없으며, 오늘날 그 사실의 증언자는 세계 각지, 5내륙 모두에 퍼져 있다는 것이다.

일본에도 같은 상황을 실감하는 전문가는 많다. 구마가이 다카유키(熊谷高幸, 후쿠이 대학)는 최근의 저서 《자폐증 – 나와 당신 사이가 만들어질 때까지》(미네르바 출판, 2006)에서 "최근 10년은 티

치 프로그램의 보급 등에 따라 실천면에서 눈부신 발전이 이루어
졌으며, 또한 고기능 자폐증과 아스퍼거 증후군이 더해짐으로써
이 장애에 포섭되는 범위가 확대된 시대라고 할 수 있다"고 표현했다.

티치 40년 역사에서, 우리가 일본 안팎에서 관계하고 소개와 보
급, 발전에 노력했던 것은 25년 남짓이지만, '최근 10년'에 구마가
이의 지적을 실감할 수 있게 된 것은 분명하다.

◢ 티치 원리의 재확인

티치의 원리는 자폐인 및 발달장애인이 남보다 발달이 늦거나
뒤떨어진 것이 아니라는 기본적 관점에서 출발한다. 그들의 발달
양상은 일반적인 발달을 보이는 사람과 비교할 경우 뒤떨어진 것
이 아니라 다른 것, 불균형적인 것이라고 생각한다. 분명 뒤떨어진
부분도 있지만 그렇지 않은 부분도 있고, 일반인보다 뛰어난 부분
도 있다.

예전에는 자폐인의 '비범한 능력'을 극히 일부분의 기능에만 한
정해서 파악했지만, 티치에서는 내가 처음 접했던 때부터 그 능력
을 확장하여 생각했다. 즉, 우리들과 더불어 살아가고 함께 일하기
위한 일반적인 기능으로 확장시킨 것이었는데 최근에 더욱더 그러
한 접근방식을 발전시키고 있다.

자폐증을 치료한다든가 낫는다는 식으로 치료적으로 대응하고
교육하고 지원하는 것이 아니라 자폐인이 자폐증을 가진 채로, 보
다 자립하여 학습하고 활동하면서 우리들과 함께 살아가고 일하는
것을 지향한다는 것이다. 이 관점에서는 자폐인을 치료나 교육을
통해 수정하거나 교정하려고 하지 않는다.

그러므로 뒤떨어져 있는 부분을 고치는 것에 관심을 기울이기보다 그들이 본래 갖고 있는 뛰어난 부분에 주목해서 그 기능을 보다 잘 발휘할 수 있도록 돕는 것이다.

이 기본적인 원리와 이념은 최근 더욱 강하게 의식하고 확인하게 되었다.

◢ 고기능 자폐인에 대한 대처

앞서 구마가이의 지적에도 있었듯이, 근래 10여 년간 고기능 자폐증이라든가 아스퍼거 증후군으로 일컬어지는 사람들의 문제가 크게 주목되었다. 그런데 뒷장에서 다시 다루겠지만, 티치에서는 고기능인가 아닌가를 특별히 나눠서 생각하지 않는다. 또한 고기능 자폐증과 아스퍼거 증후군이 본질적으로 서로 다른 것이라고 생각하지도 않는다.

적어도 20여 년 전에 내가 노스캐롤라이나 대학의 티치 센터 (UNC TEACCH Autism Program. 노스캐롤라이나 대학 의학부에 속해 있다. 본부는 노스캐롤라이나 대학 채플힐 캠퍼스에 있으며 산하 지역 센터가 노스캐롤라이나주 7군데에 있다. 지역사회에 기반한 서비스를 제공하며, 자폐증 진단부터 상담, 치료교육, 취업 및 주거 지원 등 개개인의 평생에 걸친 지원을 한다. 또한 자폐증 연구와 관련자 연수 등 후학 양성에도 힘쓰고 있다. 홈페이지는 https://teacch.com – 옮긴이)를 처음 방문하고 나서 현재까지 교류하는 가운데 그것을 다른 것으로 보고 대처하려는 상황을 접한 적은 없다. 단순히 기능이 높다든가 낮다는 것보다 자폐증이라는 특성을 가진 한 사람 한 사람의 개별성 쪽에 본질적인 관심을 기울이고 있다.

근래 10년 가까이 일본의 동료들과 함께 연수를 위해 미국을 방문할 때마다, 특히 고기능군 주제의 강의를 맡았던 비키 시어 (Vickie Shear) 교수도 자신은 고기능 자폐증과 아스퍼거 증후군의 경우를 서로 다른 특성을 가진 사람들로는 인식하지 않는다고 명확히 말했다.

또한 이 프로그램의 창설자인 에릭 쇼플러(Eric Schopler, 1927-2006) 교수도 생전에 같은 견해를 피력했다. 뿐만 아니라, 저기능 자폐인과도 본질적으로 장애가 지닌 특성의 내용에는 다름이 없으며 자폐는 연속체(spectrum disorders)로 생각하는 것이 바람직하다는 나의 의견에 그도 크게 공감했었다.

즉 티치에서는 지능검사로 분류하는 것처럼 고기능인지 아닌지 판별하는 접근 방식은 본질적이지 않다고 본다. 고기능 자폐인은 고기능이 발휘될 수 있도록 교육하고 지원하면 된다. 티치의 사고 방식이나 실천의 기본과 원칙은 바로 이것뿐이다.

고기능 자폐인이 눈에 띄게 늘었다지만 티치에서는 이전부터 그런 사람들에 대해서도 일상적으로 훌륭한 지원을 하고 있었다.

예를 들면 우리가 아사히신문 후생문화사업단의 협력을 얻어 취재하고 촬영하여 소개한 미국 현지 영상에는 수많은 고기능 자폐증과 아스퍼거 증후군 사람들이 활동하고 있다. 그 영상은 1988년에서 2000년에 걸쳐 제작되어 5개의 비디오 테이프로 공개되었는데, 영상에는 고기능 자폐인들이 활기차게 사회적 활동을 하고 있는 모습이 소개되어 있다. 잡코치의 도움을 받아서 취업하고 아파트에서 자립 생활(individual placement)을 하는 등 대학 졸업 후 완전히 자립하여 경쟁을 통한 일반 취업(competitive employment)에 힘쓰는 사람들의 모습 등 다양한 대처와 성과가 등장한다.

티치 스태프들은 고기능이라고 해서 특별한 대응을 생각하지는 않는다. 지원자로서 스태프들은 지원받는 어느 개인이 고기능이라면 고기능을 발휘하면서 살아가는 것은 당연하다고 받아들인다. 기능별로 인간의 질과 특성이 다른 것이 아니다. 각 개인이 개성적으로 서로 다른 것은 기능의 차이가 먼저 전제되기 때문은 아니다.

아스퍼거 증후군인 사람은 언어 발달이 좋은 편이다. 티치 스태프들에게 그것은 멋진 일이다. 다른 한편, 언어가 미숙하면 이 책의 곳곳에서 소개하고 있듯이 개인별로 필요한 지원을 하면 되는 것이다. 그저 그뿐이다.

비디오에서도 소개하고 있지만, 비교적 고기능인을 대상으로 한 소셜 클럽이라는 활동이 있다. 엄밀하게는 사회적 기술을 익히면서 사회적 활동을 즐기려는 모임(Social Skill Training Club)이다. 각 개인이 즐길 수 있는 활동에는 개인차가 있기 때문에 기능 수준별로 그룹이 꾸려져 있을 뿐, 다른 뜻은 없다.

2007년 여름, 우리는 17명의 그룹으로 노스캐롤라이나 대학의 티치 본부를 방문했다. 동료들 중에는 고기능 및 아스퍼거 증후군인 사람에 관해 어떤 특정한 시각을 가진 사람도 있었다. 일본에는 오랜 세월 은둔형 외톨이에서 벗어나지 못한 채 가족 모두가 고생하고 있는 사람이 많다. 불행하게도 비행과 범죄를 저지른 사람도 적지 않다. 소년감별소(일본 법무성 교정국 소관의 소년 수용시설로, 주로 가정재판소에서 송치된 소년을 수용하여 그 자질과 환경을 조사한다. 한국에서도 이 용어가 사용되었으나 현재 소년분류심사원으로 개칭되었다. – 옮긴이)와 소년원에 있는 소년 가운데 고기능 자폐아가 결코 적지 않은 현실을 알고 있는 사람도 있다.

그런 불행한 상태에 빠진 고기능 자폐인에게 티치는 지금 어떠한 대처를 하고 있는지 이야기를 듣고 싶다는 요청이 있었다. 나는 동료들을 대표해 그것을 질문했다. 시어 교수의 대답에 참가자들은 다시금 놀랐다. 주위에서 그런 이야기를 들은 적이 없다는 것이었다. 티치 프로그램이 맡았던, 과거 방대한 수에 이르는 자폐인들과 관련하여 은둔형 외톨이나 범죄를 저지른 사례를 전혀 알지 못한다는 것이다.

▲ Creative Living Center

티치 프로그램이 최근 새롭게 시작한 활동으로 '창의적 생활센터(Creative Living Center)' 건립과 활용이 있다.

이것은 여러 보호자들의 희망을 노스캐롤라이나 자폐증 협회가 티치 프로그램의 협력을 얻어 현실로 옮긴 것이다. 보호자들은 청년과 성인이 된 자폐증 자녀에게 기쁨과 감동이 큰 여가 활동의 기회를 주고 싶어 했다. 아침에 일어나면 오늘도 또 즐거운 하루가 시작된다는 경험을 우리 아이에게 시켜 주고 싶다는 것은 모든 부모의 소망이다.

그 결과 1996년에 회화, 도예, 수예, 음악, 댄스 등 다양한 여가 활동을 즐길 수 있는 시설이 세워졌다. 노스캐롤라이나주 각지에서 여러 분야의 예술가와 전문가가 협력 의사를 표명했다. 그리고 티치 프로그램이 배출한 스태프들이 보조하도록 해서, 매일 10여 명의 이용자가 요일을 정해 이용하고 있다. 이 시설의 운영은 자폐증 협회가 맡고 있다.

개설 당시의 시설 책임자는 오랫동안 티치 본부가 직영하는 캐롤라이나 생활학습센터(CLLC : Carolina Living and Learning Center)에서 자폐인과 거주해 보았던 사람이 맡았다.

2007년 여름에 방문했을 때는 원래의 건물이 비좁아져서 다른 건물의 넓은 층으로 옮겼으나 그래도 많은 희망자가 대기하고 있다고 했다.

2004년에 이 시설을 방문했던 때의 일화를 잊을 수 없다. 이용자 가운데 어머니를 병으로 잃은 고기능 자폐증 청년이 있었다. 어찌할 바를 모르는 슬픔에 괴로워하는 청년을 위해 티치 프로그램의 스태프와 화가가 협력하여 그의 어머니가 가신 세계를 아름다운 그림으로 그려 위로하고 있는 모습을 마주했던 것이다. 감동적이었다.

시각적 세계에 친숙한 감수성을 가진 자폐증 청년에게 자폐증 전문가와 예술가가 협력해서 작업한 성과는 대단히 크다는 것을 다시금 배웠다.

◢ 티치의 스펙트럼적 발전

자폐증 어린이와 어른 모두 시각적 정보에 친화성이 높고, 거기에서 의미와 개념을 찾아내서 적용하는 경향과 특성이 강하다는 것은 잘 알려져 있다. 이 특성은 일상 회화 등의 언어 구사에 어려움이 없는 것처럼 보이는 고기능 자폐인에게도 공동적으로 보인다.

그래서 티치 프로그램의 실천자는 교육 등 지원 상황에서 상대의 기능 수준에 맞춰 필요한 정도와 내용으로 시각적 구조화 방법을 사용하여 폭넓은 의사소통 시도를 지원하며, 그만큼 성과도 크다.

이 티치 모델의 연장선상에서 여러 프로그램이 개발되었다. 그 중 하나가 '그림 카드 교환식 의사소통 방식'이라는 것인데 '팩스(PECS: Picture Exchange Communication System)'로 통칭된다. 이 것은 자폐증의 시각 우위성에 맞춰 그림 카드를 교환하는 방식으로, 의사소통 기능의 실용과 발달을 추구하는 것이다.

또한 캐롤 그레이(Carol Gray)에 의해 2000년에 발표된 소셜 스토리(Social Story), 즉 문장 교환식의 의미 및 의사 전달에 기초한 교육과 지원 방법이 있다. 그녀는 미국 미시건주에서 오랜 세월 자폐증 전문 교육자로 일했는데, 그 경험에서 자폐증의 시각 우위 특성에 맞추어 문자를 이용한 간단한 문장과 필요에 따라 삽화를 넣는 방법으로 사회적인 상식 등의 이해를 돕는 한편, 그 응용과 발전으로써 개인의 의사 표현을 발전시키기 위한 훌륭한 교육법을 고안했다. 그 방법과 프로그램 또한 국제적 평가를 얻어 자폐인 개개인의 기능, 특성, 문화에 맞춰 세계 각지에서 응용되고 발전되고 있다.

◢ 의료 현장으로

자폐 아동이 아파서 의료기관 진료를 받을 때면 보호자와 의료 종사자들은 큰 어려움에 부딪친다. 아이를 힘으로 잡아 누르거나, 치과 진료에서는 커다란 그물망으로 둘둘 말아 놓기도 하고, 사소한 진료에도 전신 마취를 사용하는 경우가 흔했다.

개중에서도 더 큰 어려움을 겪을 수밖에 없는 치과 쪽 의료 종사자가 가장 빨리 티치 모델의 시각적 구조화 방법에 주목, 응용하기 시작했고 성과를 보고했다. 시각적 의사소통을 확대 응용한 것으로, 본질적으로는 팩스나 소셜 스토리와 같은 종류의 방법이다. 즉 앞으로 있을 진료 내용을 몇 장의 그림 카드로 그려 예고하는 것이다.

자폐 아동에게 앞으로 무엇이 어떻게 일어날지 이해할 수 있도록 예고해 주면 대부분 안심하고 진료를 받을 수 있다.

이런 상황 속에서 장애자를 대상으로 진료를 해 온 치과 의사 오가타 가쓰야(緖方克也)의 《그림 카드를 사용한 장애자 치과 진료 – 시각 지원의 사고와 실천》이라는 저작이 2008년 초에 출판되었다. 또한 2007년 10월 '제23회 일본 장애자 치과학회 총회 및 학술대회'에서는 필자가 초대되어 티치 모델의 특별 강연을 요청받았다. 같은 해 6월 '제48회 일본 소아신경학회 총회'에서도 〈자폐증 치료교육 – 티치 모델의 세계적 조류〉라는 제목의 특별 강연을 했다.

◢ 영국의 통합교육(Inclusive education)으로

티치 프로그램 모델은 티치 본부의 스태프가 확인한 것만도 세계 45개국에서 각 나라와 지역의 문화에 맞춰 보급되고 발전하고 있다고 한다. 또한 미국 내에서도 45개 주에 다양하게 퍼져 가고 있다고 한다.

특히 영국과 북유럽 국가들은 자국의 자폐증 협회를 통해 도입과 보급에 열심이라고 한다. 10년도 더 전에 이미 티치 센터의 어느 스태프한테서 장애자 복지에 열심인 나라일수록 자신들 티치 스태프를 매년 초청하여 프로그램 보급에 협력을 요청하고 있다는 이야기를 들었다.

요코하마시 종합 재활센터에 보내온 영국 자폐증 협회(NAS: The National Autistic Society)의 기관지 〈Communication〉에서는 매호 뒤표지 전체 면을 이용해 다음 회차의 티치 연수회를 안내하고 있다.

그런 상황 속에서 영국에서는 자폐 아동의 공교육 과정을 일반 학급과 특수학급에서 통합교육의 이념 하에 실시한 결과가 발표되었다. 티치 프로그램의 가장 기본적이고 구체적인 방법인 '시각적 구조화'를 응용 실천한 보고서라고 할 만한 저작이 2003년에 출판된 것이다.

저자는 노스캐롤라이나 대학 티치 본부장 게리 메지보프(Gary. B. Mesibov)와 영국의 교사 마리 하울리(Marie Howley)이다. 최근 십여 년, 메지보프는 매년 수차례씩 유능한 동료 스태프와 함께 영국에서 열리는 교사 등을 대상으로 한 관련 종사자의 현임자 교육과 여러 연수 세미나에 나가고 있는데 그 구체적 성과의 일부가 이 책이다.

버밍엄 대학 자폐증 연구 부문의 리타 조던(Rita Jordan)은 이 책 서문을 통해 메지보프와의 대화를 소개하는 등 기쁨에 가득 찬 표현으로 깊은 인상을 주었다. 그녀는 티치가 자폐증에 '맞서기'보다 '공생'하려는 것에 깊은 공감을 나타냈다.

◢ 자폐증 일본 총회

10년쯤 전부터 내 주위의 자폐 아동 보호자들이 티치 프로그램이 일본 각지에서 어떤 발전 양상을 보이고 있는지 알고 싶다고 물어 왔다.

질문을 받고 보니 나 자신도 정확한 실정은 잘 모른다는 것을 깨달았다. 주위 동료들에게 묻거나 아사히신문 후생문화사업단에 상담하고 있는 사이에 전국적인 티치 실천 보고회의를 열었으면 좋겠다는 생각을 하게 되었다. 그것이 '자폐증 일본 총회 – 티치 모델로부터 배우는 실천 연구회'로, 2002년 여름에 처음으로 개최되었다.

제1회 총회에서는 티치의 창설자 에릭 쇼플러를 비롯하여 전국 각지에서 1천여 명의 보호자와 전문가 그리고 다양한 직업을 가진 사람들이 참가했다. 그 후 매년 같은 시기에 메지보프를 비롯, 영국 등 티치 모델을 포함하여 자폐증에 열심히 대응하는 선진국 게스트도 초빙하여 2007년에 6번째 총회를 열게 되었다.

매 회 수많은 주제가 제기되고 전체 집회와 분과회로 나뉘어 이틀간 열띤 실천 발표와 토의가 계속된다.

이러한 경과 속에서 2004년, 내가 근무하는 가와사키 의료복지대학이 티치 본부가 소속된 노스캐롤라이나 대학 의학부와 자매결연(Academic Partnership Agreement)을 맺었다. 그에 따라 이전보다 더욱 교원과 학생 교류가 활발해졌다. 또 그에 앞서 가와사키 의료복지대학의 시민강좌 센터(익스텐션 센터)에 티치 파트가 설치되어 학생과 사회인 외에 보호자도 대상으로 한 야간 강좌와 주간 시민강좌가 운영되고 있다.

또한 2007년부터는 대학원 석사과정에 티치 과정이 새롭게 개설되어 이른바 일본 티치 센터가 탄생했다. 노스캐롤라이나 대학의 메지보프도 객원교수의 한 사람으로서 이 티치 과정의 탄생을 축복해 주었다.

◢ 티치 프로그램 연구회의 발전

1989년 처음으로 쇼플러와 메지보프를 포함한 6명의 전문가를 초빙하여 도쿄와 오사카에서 각각 1주간의 현임자 트레이닝 세미나를 실시했다. 아사히신문 후생문화사업단과 야스다생명 사회사업단(현재 메이지야스다 마음의 건강재단)의 협력에 의한 것이다.

이 연수회는 트레이닝에 참가할 수 없는 사람들에게도 일부 공개되는 등, 많은 관계자에게 감사와 감동의 마음을 불러일으켰다. 그리고 그 여운을 잇듯, 티치 프로그램 연구회가 발족하게 되었다.

초대 회장은 후지오카 히로시(藤岡宏, 쓰바사 발달 클리닉), 현재 회장은 우치야마 도키오(内山登紀夫, 요코하마 발달 클리닉)이다. 발족 당시에는 10명이 채 못 되는 회원이었지만 각 지구가 돌아가며 개최한 다양한 세미나가 매년 면면히 계승 발전되었다. 2008년 1월, 북부는 홋카이도에서 남부는 구마모토까지 14개 지부로 구성되어 회원 수도 2천300명으로 늘어나고, 본부와 각 지부 단위의 활동도 더욱 활발해지고 있다.

특히 교육자와 지원자를 대상으로 하는 티치 모델의 '트레이닝 세미나'는 자폐증 어린이와 성인의 협력을 얻어 이루어진, 실습과 실천이 중심이 되는 연수여서 스스로의 기술 향상을 희망하는 참가자가 많다.

또한 가정, 학교, 지역사회, 시설, 직장 등 여러 곳에서 실제로 당면하고 있는 활동을 보고하는 '실천 연구대회'도 매년 1월에 개최되고 있다.

2008년 1월에는 교토에서 제1회 티치 콜라보레이션 세미나가 개최되어, 노스캐롤라이나의 그린빌 센터장 존 도허티(John. M.Dougherty)를 초빙했다. 티치 센터와의 콜라보레이션 시대의 개막이다.

이러한 10년간의 다양한 활동이 일본 각지에서 자폐 아동과 성인에 대한 치료교육은 물론 교육 외 가정생활과 취업 등 광범위한 지원의 질을 크게 향상시켜 온 것은 틀림없다.

◢ 발달장애자 지원센터의 응용 실천

2005년 4월, 발달장애자 지원법이 시행되고 이에 호응하듯 전국 도도부현(都道府県) 및 정령지정도시(政令指定都市, 인구 50만 명 이상의 도시로, 정부에 의해 지정된 특별시 – 옮긴이)에 발달장애자 지원센터(원래 자폐증 및 발달장애 지원센터) 설치가 진행되고 있다.

이 센터에서도 각지에서 각 문화와 관습에 맞춰 티치 모델이 응용, 실천되고 있고 성과가 확인되고 있다. 티치 프로그램 연구회에서 양성되고 함께 깊이 연구해 온 사람들의 활약이 눈부신 것은 물론이다.

차례

제 2 장   의사소통을 위한 지도와 지원

제 3 장   학습지도 방법과 구조화의 개념

제 6 장   고기능 자폐증 · 아스퍼거 증후군과 티치

제 7 장   부적응 행동에 대한 대응

◆ TEACCH ◆

티치의 기본 이념과 철학

TREATMENT AND EDUCATION OF AUTISTIC AND RELATED COMMUNICATION-HANDICAPPED CHILDREN

1 장 티치의 기본 이념과 철학

◢ 미국 전역으로, 나아가 세계적 프로그램으로

티치 프로그램은 장애를 바라보는 탁월한 관점 및 치료교육 이념과 성과에 따라 오늘날 미국 전역은 물론, 전 세계에서 주목받고 있는 포괄적인 프로그램이다. 미국 50개 주 가운데 45개 주가 어떠한 형태로든 티치 프로그램을 도입했다. 또 영국, 아일랜드, 프랑스, 벨기에, 네덜란드, 이스라엘, 덴마크, 스웨덴 등 여러 나라들이 교육행정 당국과 자폐증 협회를 통하여 자국에 티치 프로젝트 스태프를 초청, 그 프로그램을 학습하고 다양하게 실천하고 있다. 그 수는 45개국 이상에 이른다고 한다.

1993년 7월 캐나다 토론토에서 개최된 국제 자폐증 회의(International Conference on Autism '93 in Toronto)에서는 '티치 모델의 국제적 응용'이라는 테마로 5개국 패널리스트가 참가하는 토론이 있었다. 필자도 그 한 사람으로 초청받았다. 티치 프로그램의 세계적 확산을 나타내는 한 예이다.

티치 프로그램의 원리는 자폐인들이 일상생활(학습, 여가 활동, 취업)을 할 때 가능한 자립적으로 활동할 수 있도록 지원하면서, 일반인들과 더불어 살아가고 함께 일하는 것을 지향한다.

티치 스태프가 생각하는 자폐증이란, 사람 사이의 의사소통을 비롯하여 인지적, 사회적, 그리고 행동상의 기능에 중대한 혼란과 영향을 미치는 복합적인 장애이다. 이 중증성과 복합성에 대응하기 위한 치료교육은 그 복합성과 중증성을 넘어서는 포괄적인 프로그램이어야 하고, 단일 차원의 단순한 치료와 교육적 접근법으로는 전혀 충분하지 않다고 강조한다. 티치 프로그램이 일관해서 계속 강조하고 있는 원리는,

①자폐 장애의 본질은 중추신경계를 포함하는 생물학적인 문제이며, 그것이 그들이 보는 세계와 상황의 예측에 혼란과 영향을 미치고 있다는 것

②치료교육은 부모(가족)와 전문가가 친밀한 협력 관계에서 실시할 것

③치료교육자는 스페셜리스트이자 제너럴리스트일 것

④치료교육 프로그램은 포괄적으로 조정되어야 할 것

⑤생애 전반에 걸쳐 지원되어야 할 것

⑥치료교육은 어디까지나 개별화의 개념 하에 이루어질 것 등이다.

◢ 철학

자폐증을 중추신경계의 생물학적 장애로 인식하는 티치의 기본

원리(철학)는 자폐인은 장애를 갖지 않은 사람과는 다른 정보처리 과정을 갖는다는 것에서 출발한다. 그로 인해 주위 세계에 대한 이해의 방식이 다르다는 것이다. 따라서 다른 장애인 그룹만큼 단순하게 정상화(노멀라이제이션)나 통합교육(인터그레이션) 개념을 강조하지는 않는다. 또한 자신들이 시도한 통합교육도 일부 고기능 자폐아에서만 성과가 나타났고, 그것도 세심한 개별적 배려를 행했을 때에 한해서라고 한다.

자폐인에 대한 치료와 교육 및 기타 지원은 종래의 여러 가지 치료교육법을 단독으로 실시하거나 단순하게 조합하여 행하는 것만으로는 충분하지 않다. 치료교육자는 자폐인이 주위의 세계를 일반인과 다르게 보고 느낀다는 사실을 되도록 상세하고 정확하게 이해하고, 주위 사람이나 환경으로부터 제시되는 자극 및 정보가 가진 의미와 자폐인의 지각 사이에 존재하는 간극을 세심하게 메워가도록 도와야 한다.

이와 같이 티치 프로그램에서는 자폐인과 일반인 사이에 존재하는 다름을 인식하는 것이 우선이다. 그 위에 자폐인의 권리를 지키고 존엄을 손상시키는 일이 없도록 그들이 가진 인지 장애의 의미를 잘 이해하여 그들의 지각 및 사고 방법과 일반 사회에 적응하기 위해 필요한 기능 사이의 간극을 메워 가는 것을 프로그램의 기본 방침으로 한다.

즉 노멀라이제이션의 개념을 단순히 실행하기보다, 우선 자폐증이라는 장애의 특성과 그 사람의 개성을 이해하여 허용하고 존중할 것, 주위 사람과 환경이 그들의 특성과 기능에 대해 다가갈 것, 나아가 자폐인 각자의 적응 기능의 향상을 꾀할 것, 이 세 가지가 티치 프로그램 접근 방식의 기본 이념이다.

◢ 부모와의 협력

쇼플러 교수 등 티치 프로그램 창시자는 이미 1960년대 중반 자폐증은 뇌의 생물학적 특이성이 원인이라는 혁신적인 입장을 명확히 했다. 당시 미국에서는 자폐증의 원인을 부모의 정신병리적인 문제에서 찾는 정신분석학파의 주장이 주류를 차지하고 있었다. 티치 프로그램은 치료적 시점을 부모와 아이에 대한 심리요법에서 뇌 장애에 대한 이해로 전환하고, 나아가 인지적 필요(정보처리 기능)에 맞춘 학습과 생활을 위한 교재 및 환경을 구성하는 것으로 치료교육의 방향을 바꾸어 갔다.

이 치료교육 접근법은 부모의 역할에 극적인 변화를 가져오게 되었다. 부모는 자폐증의 원인 제공자가 아니라 치료와 교육에 관해 최선의 역할을 담당하는 존재로서, 티치 스태프와 공동 치료교육자의 위치를 공유할 것으로 기대되게 된 것이다.

부모는 자기 자식에 대해 어느 누구보다 잘 알고 있는 지점이 있다. 한편 티치 스태프는 전문가로서 자폐증 그 자체에 대해 보다 깊은 이해와 경험을 갖고 있다. 그러므로 양자가 협력하여 파트너십을 구축할 수 있다면 각자가 따로따로 독자적 활동을 하는 것보다도 훨씬 큰 성과를 올릴 수 있을 것이다.

이러한 상호 협조적 노력이 과거 30년 넘게 계속된 결과 노스캐롤라이나주 자폐인들에게 큰 공헌을 해 온 사실은 오늘날 미국은 물론 전 세계 사람들로부터 높이 평가받고 있다.

부모와 전문가의 협력 관계가 중요하다는 것은 두말할 필요가 없다. 자폐아에 대한 최선의 치료교육은 부모의 관심과 전문가의 전문성 및 통찰이 서로 기능적으로 조합됨으로써 실현된다는 점에서 특히 그렇다.

또 자폐아는 일반적으로 가족과 치료교육자에게 정서적인 피드백을 돌려주지 않는 까닭에 부모는 물론 전문가도 종종 정서적 고립 상태에 빠지게 되기 쉽다. 그런 때에 부모와 전문가가 파트너가 되어 일한다면 아이로부터 피드백 받는 것이 부족해도 서로를 정서적으로 도울 수 있다고 한다.

티치 프로그램이 성과를 내는 데에 부모와 스태프의 협력이 가지는 의미는 결정적이라고 그들은 강조한다.

◢ 제너럴리스트 모델

티치 프로그램이 탄생할 무렵, 이미 많은 자폐 아동들이 특정 분야 전문가로부터 치료와 훈련을 받고 있었지만 부모들은 당시 전문가들이 저마다 전문 영역의 좁은 시점에서 아이를 보고 있었다고 평가한다. 전문가들이 한 개체로서 아이를 보기보다 행동상의 문제, 발화의 이상, 가정의 혼란, 의학적 증상들 따위에 시선을 맞추고 있었다는 것이다.

다시 말해 가족의 전체적인 상황을 종합적으로 이해하면서 아동의 문제를 넓게 전망할 수 있는 전문가가 없었다. 이에 비해 티치 프로그램은 일찍부터 종합적 시점을 가진 스태프에 의한 치료교육을 추구했다.

자폐 아동이 가진 기능과 스킬 전체를 파악하고, 뛰어난 기능 및 능력과 더불어 곤란을 겪는 부분을 이해하며, 그런 다음에 개별 가정 특유의 상황을 눈여겨보고 지원해야 한다. 즉, 자폐증에 관한 지식, 아동이 갖고 있는 특성과 요구, 그리고 가족 역할의 가능성에 대해 치료교육자는 언제나 광범위한 시야를 요구받는다.

제너럴리스트 모델이란 아동과 그 가족의 요구를 가능한 한 포괄적으로 충족시키기 위해 발전해 온 것이다. 티치 스태프는 각자가 특정 분야의 전문성을 갖고 있더라도 새롭게 제너럴리스트로서 훈련을 받고, 아동과 가족의 요구 전반에 대해 지식과 기술을 갖고 지원한다. 그들은 언제나 가족과 아동의 요구 전체에 주의를 기울이고, 우선순위가 높은 것부터 처리하도록 훈련받고 있다.

◢ 포괄적으로 생애 전반을 지원

자폐증은 치유나 완쾌라는 것이 어려운, 전 생애에 걸친 특성이고 장애이다. 그렇기에 자폐 아동과 그 가족은 대체로 요람에서 무덤까지 지원이 필요하다. 그 방법은 아동에 대한 치료교육의 전략과 우선해야 할 과제 및 목표를 인생 전 과정에 걸쳐 일관된 시점 아래 설정하고 순차적으로 실시하는 것이다.

자폐 아동은 어떤 특정한 교실이나 클리닉에서 습득한 기술과 기능을 다른 상황이나 다른 사람이 있는 환경에서 응용하는 학습과 활동에 어려움을 느낀다. 그러므로 그들에 대한 지도와 훈련의 성과가 축적되어 발전하기 위해서는 지속적으로 시간과 공간을 초월한 일관성이 요구된다.

티치 프로그램은 제너럴리스트로 훈련받은 스태프가 중재자 역할을 수행하면서, 잘 훈련된 교사나 기타 치료교육 스태프와 서로 협력하여 유아기 조기 진단 및 평가와 치료교육에서 출발하여 학교교육, 청년기 및 성인기에 이르는 과정의 전체 시기와 상황을 시야에 둔다. 그리고 자폐인과 그 가족의 요구에 가능한 한 다각적으로 부응하기 위해 포괄적으로 조정된 프로그램을 공동체 기반으로 실시하는 것이다.

◢ 개별화의 시점

티치 프로그램 종사자는 그들의 방법이 성과를 올리는 가장 중요한 열쇠로 자폐증을 가진 의뢰인 각자와 그 가족의 개별적 요구에 대응하는 것을 원칙으로 하고 있다는 점을 든다. 확실히 자폐증에 공통되는 유익한 치료교육법과 전략이 존재하지만 개개인과 가족의 현실에 맞춘 개별적인 대응은 그보다 더 중요하다.

어떤 가족은 매일 학교에서 하는 교육 과제를 저녁마다 가정에서 복습하고 응용하는 것에 열의와 기쁨을 느낄지도 모른다. 그러나 다른 가족은 부모의 성격과 기능 혹은 다른 여건 때문에 특별히 계획된 가정 지도를 매일 실행하기를 원하지 않을 수도 잇다.

티치 프로그램은 그 원리와 철학을 자폐인과 그 가족에 대한 서비스로 적용할 경우, 개별화의 시점에서 각각 독창적으로 실시할 것을 언제나 중요시한다. 여러 가지 어려움은 있어도 일반론으로써 프로그램 전략을 이해하는 한편 그것을 개별적 상황에 맞춰 응용해 가는 기술 사이에 조화를 이루는 것이 티치 프로그램을 추진해 가는 스태프의 직업적 기쁨이라고 한다.

◢ 훈련 참가

두 번째 방문 때 필자는 티치 본부가 실시하는 학교 교사 중심의 스태프 현임자 훈련에 참가했다. 그 후 노스캐롤라이나주의 광범위한 지역을 티치 본부의 스태프와 함께 30차례 넘게 돌아다녔다. 수많은 학교를 비롯하여 가정, 그룹홈, 여가 활동 센터, 보호작업소, 일반 취업 사업소, 직업 센터, 사회생활 연습을 하는 지역공동체, 티치 지역 센터, 노스캐롤라이나주의 자폐증 협회, 나아가 주의회 등 티치 프로그램을 만들어 지원하는 시설과 기관을 구석구석 방문하고 견문을 넓히고 왔다.

학교와 지역 센터에서는 스태프 회의에 출석해서 토론에 참가하고, 스태프와 가족 모임에 함께하기도 했다. 쇼플러 교수와는 대학 의학부의 구급의료용 헬기를 타고 각 지역 센터와 보건교육 센터 등을 함께 순회하고, 자폐증에 관한 심포지엄과 강연을 분담해 왔다.

그 과정을 통해 필자는 말로 다 할 수 없을 정도로 풍부한, 자폐증 치료교육과 생애에 걸친 지원 방법에 관해 그 이념과 철학뿐만 아니라 구체적인 노하우를 배워 왔다. 본서에서는 그 체험에서 배운 교육과 지도법의 실제를 다양하게 소개하고자 한다.

◢ 학교 교육

티치 프로그램에서 학교 교육은 특수학급 교육이 중심이고 구체적 방법은 '시각적 구조화'의 개념에 따라 시행된다. 자폐 아동의 발달과 기능 수준에 맞추어 일반 학급 아동과 함께 하는 다양한 내용 및 수준의 통합교육도 실시하고 있으나 원칙은 어디까지나 특수학급에서의 특수교육이다. 본격적인 통합교육을 위해 다양한 시도를 해 보았지만 입학 초기부터 실시할 경우 극히 일부의 고기능 아동을 제외하고는 성과라 할 만한 것을 거의 올리지 못했다고 한다. 이와는 달리 특수교육은 고기능 아동을 포함하여 많은 아동들의 자립 생활에 지속적으로 큰 성과를 올렸다.

티치 프로그램의 학교 교육에서 보호자는 몇 가지 교육 프로그램 모델을 선택할 수 있다. 그중에서 가장 인기 있는 것이 자폐 아동 맞춤형 특수학급으로, 미국 전역의 공립학교에 개설되어 있다. 각 학급의 학생 수는 6명 내외이며, 제너럴리스트로 양성된 전문 교사가 한두 명 배치되고, 학생 수가 많은 학급에서는 학생과 교사의 비율이 3대 1이 되도록 보조 교사를 둔다.

그 외에도 다양한 학급 모델이 있다. 기능 수준이 높은 자폐 아동은 매일 혹은 매주 일정 시간 동안 일반 학급 수업에 들어가 교육을 받는다. 통합교육을 받고 있는 학생들에게는 필요에 따라 보조원이 붙기도 한다.

또한 학습 장애 아동을 위한 학급에 전 과정이나 일부를 참가하는 자폐 아동도 있고, 경증 발달장애 아동을 위한 교육 프로그램에 참가하는 아동도 있다. 그 외에 일반 학급의 아동들이 다양하게 이용하는 자료실(resource room)에서 매일 또는 매주 일정한 시간을 보내는 자폐 아동도 있다.

최근 티치 프로그램이 특히 강조하는 교육법에 '역통합(reversed mainstreaming)'이라는 방법도 있다. 티치 모델을 적극적으로 도입한 덴마크와 스웨덴에서도 활발하게 실천되고 있는 교육법인데, 일반 학급 아동이 자폐 아동 학급에 가서 교사와 협력하여 학습지원 활동을 하는 것이다. 그리고 교류 통합을 위해 자폐 아동이 그 일반학급 아동의 안내를 받으면서 일반 학급의 참여 가능한 수업에 들어간다. 즉, 역통합에서 일반 통합으로 조금씩 과정을 밟아 가는 것이다.

티치 프로그램 스태프는 학생 한 사람 한 사람의 요구에 가장 알맞은 교육 환경을 만들어 주기 위해 교사와 부모의 협조적인 노력이 중요하다는 것을 언제나 강조한다. 개별 아동을 위한 교육 과제를 선택할 때 부모가 원하는 것을 잘 듣고, 가족이 자폐아와 가정에서 안정된 생활을 하기 위해 필요로 하는 생활 기능을 우선적 지도 과제로 하는 것이 그런 것이다. 그리고 나서 점차, 사회적으로 살아가기 위해 유용한 기능과 지식을 가르친다.

이를 위해서 티치 프로그램의 학교 교육에서는 교실에 시스템 키친을 설치하여 조리와 설거지를 지도하고, 외출하여 패스트푸드점이나 레스토랑에서 식사를 하고, 볼링장과 게임 센터에서 게임을 즐기고, 이발소나 미용실 이용을 연습한다.

그들은 그야말로 어제보다 나은 오늘, 오늘보다 나은 내일을 위해 날마다 꾸준하게 노력한다. 추구하는 방향이 확실하기 때문에 무리하지 않고 지속적으로 노력해 갈 수가 있다.

그 결과 노스캐롤라이나주에서 티치 부서가 맡고 있는 자폐인 가운데 성인의 95% 이상이 가정과 그룹홈에 거주하며 지역사회에서 생활하고 있다.

◢ 거주 프로그램

학교 교육을 마치고 청년 및 성인기를 맞이한 자폐인들에 대해 티치 프로그램은 노스캐롤라이나주 인적자원부(Department of Human Resources)와 협력해서 자폐인과 그 가족을 위해 거주 서비스 프로그램을 실시하고 있다.

가장 일반적인 것은 소규모 그룹홈으로, 거주자가 5,6명인 형태가 많다. 이용자에게 거의 영구적인 가정의 기능을 제공하는 것부터, 고기능 이용자에게 완전한 자립 생활 연습 기회를 제공하는 것까지 여러 용도의 유형이 있다. 또한 자폐인들만 이용하는 그룹홈 외에 다운증후군 등 기타 장애를 가진 사람과 함께 거주하는 시설도 있다.

그룹홈에 거주하는 동안, 뒤에 설명할 구직 프로그램에 참가하여 일반 취업이 가능해지고, 나아가 자립해서 일상생활을 영위하기 위한 청소, 세탁, 취사 등의 기술을 습득할 수 있는 사람들은 아파트 생활로 이행한다. 완전히 자립해서 누구의 보살핌과 도움도 필요 없게 된 사람의 경우는 별도로 하고, 대다수 사람은 우선 셸터 아파트(sheltered apartment)라는 곳에 입주한다. 이 아파트에는 동거하거나 같은 건물 내에 사는 티치 스태프는 없지만, 필요한 도움을 주는 책임자가 근처에 있다.

티치 부서에서는 셸터 아파트에 사는 사람들의 생활을 자립에 준한 생활(semi-independent life style)이라고 한다. 이용자는 필요한 지원을 받으면서도 거의 제한을 받지 않는 생활을 누린다.

한편 티치에는 '신나는 거주 선택지'라 부르는 서비스 프로그램으로 '캐롤라이나 생활학습센터(Carolina Living and Learning Center : CLLC)'가 있다. 영국에서 시빌 엘가 여사가 만든 '서머셋 코트 커뮤니티(Somerset Court Community)'와 미국 오하이오주의 '비터스위트 팜(Bittersweet Farms)'을 모델로 한 프로그램이다. 노스캐롤라이나 대학 채플힐 캠퍼스에서 자전거로 15분 정도 거리에 있으며 70에이커(약 28만 평방미터)의 넓은 부지를 보유한, 거주와 취업을 위한 시설이다.

일반 그룹홈이 노스캐롤라이나주 도시 지역에 마련되어 있는데 비해 CLLC의 거주 프로그램은 자폐인들에게 농촌 지역의 삶을 제공하고자 하는 것으로 공동 농장이라 할 만한 것이다.

그룹홈 거주자들이 도시에 살며 주거지에서 떨어진 직장에 다니고 편리한 교통기관을 이용해 시내 중심가에 쇼핑 등을 위해 외출하는 생활을 하는 것과 달리, CLLC에서는 거주자가 생활하고 일하는 장소가 통합된 환경에서 농장 운영을 하고자 하는 것이다.

그룹홈은 5,6명, 셸터 아파트도 그 정도, 그리고 일반 아파트는 같은 건물 안에 많아야 2,3명이 함께 사는 데 비해 CLLC는 1995년 5명의 거주자로 시작했으나 그 후 건물이 추가로 건설되어 현재는 25명이 생활하고 있다.

시설 내의 기능은 계속 확장되어 농경, 원예, 도예, 비누 만들기 등 다양하게 전개되었고, 처음에는 시설 안 생활만 계획되어 있었으나 최근 10년 남짓한 사이에 시설 바깥의 일과 여가 활동으로 눈에 띄게 확장되었다. 그 모습을 견학하고 연수하기 위한 사람들이 세계 각지에서 끊임없이 모여든다고 한다.

이 CLLC의 성공은 노스캐롤라이나의 다른 지역에서도 응용, 발전되었다. 예를 들면 샬롯 근교 앨버말에 있는 NPO 같은 성격의 단체에 의해 운영되는 캐롤라이나 농장(Carolina Farm)의 성공과 발전이 눈길을 끈다. 일본인 방문자도 많다고 한다. 2006년에는 그 단체의 대표자들이 일본을 방문하여 가와사키 의료복지대학과 요코하마시에서 개최한 세미나를 통해 뛰어난 실천 성과를 보고했다. 노스캐롤라이나에서는 지금 부모들의 고령화에 대비하여 더 많은 자폐인을 위해 그룹홈과 아파트 등 여러 거주 서비스 프로그램 마련을 서두르고 있다.

▲ 직업 프로그램

티치 프로그램의 최종 목표 중 하나로, 학교 교육 종반에 실시되는 직업 프로그램이 있다. 개인의 장점과 요구에 맞춰 취업에 관한 적절한 교육 면의 준비를 하고 지역사회의 취업 시장을 개척해서 직장에 내보내는 것이다.

1. 잡코치(job coach)

티치의 직업 프로그램 중에서 높은 성공률을 거두고 있는 방안이다.

자립적 직업 능력을 위한 집중 훈련 실시 후, 어느 정도 높은 기능을 보이는 자폐인과 잡코치로 불리는 서포터가 일터에 함께 간다. 그곳에서 해야 할 일을 개인에 맞춰 배치 조정하면서 직접 지도하거나, 직장 내 사람들에게 자폐증에 대한 이해를 구하는 등 고용 환경을 조율해서 취업을 돕는다.

잡코치가 한 직장에서 자폐인 1~3명의 고용을 지원하기 위해 쓰는 시간은 담당 대상자의 기능과 직장의 요구에 따라 달라서 20시간에서 300시간까지 그 폭이 넓다. 보통은 150시간 전후의 현장 지원이 많지만 비교적 단기간의 훈련과 실습으로 자립적인 일을 실행해야 하므로 이 모델은 주로 기능 수준이 어느 정도 높은 사람에게 적용된다.

그런데 최근에는 잡코치가 상근하며 지원함으로써 반드시 고기능이 아닌 자폐인들이더라도 취업 지원이 가능하도록 하는 환경도

늘고 있다. 바로 다음에서 소개하는 엔클레이브 모델에 가까운 형태의 것이다. 잡코치 모델은 티치 센터가 주 정부의 노동부 취업재활과에서 재정 지원을 받아 실행하고 있는 사업이다.

2. 엔클레이브(enclave)

잡코치의 지도와 지원을 받아 취업했지만 여러 가지 이유로 지속적인 근무가 어려워지는 경우가 있다. 의뢰인 가운데는 작업의 직접적 지도보다는 주위 직원과의 관계 조정 등으로 주 1회나 2회 지속적 지원이 필요한 사람도 있다. 또한 작업의 사소한 응용적 변화에 당황하거나 혼란스러워 하는 자폐인도 있다.

이렇게 직장에서 지속적으로 제대로 기능하기 어려운 의뢰인을 위해 언제나 필요에 따른 지원과 지도를 제공할 수 있는 지원 태세를 취하고, 되도록 일반적 경쟁 고용에 가까운 상태에서 근무하도록 하는 것을 엔클레이브(enclave란 자국 영토 안에 섬처럼 존재하는 타국 영토를 의미한다)라고 한다.

3. 스몰 비즈니스(small business)

스몰 비즈니스 모델은 엔클레이브와 비슷하여 취업자가 필요시 그때 그때 티치 스태프의 지원과 지도를 받을 수 있다. 엔클레이브와 다른 점은 장애를 가진 사람들의 고용을 목적으로 마련된 직장에서 일한다는 것이다.

4. 모바일 크루(mobile crew)

모바일 크루는 지도 스태프 한 사람 아래 3,4명 이하의 자폐인이 이동식으로 주문을 받아 출장 작업을 하는 것이다. 집과 공원 등의 청소 작업이 많다. 엔클레이브와 스몰 비즈니스보다 지도, 지원과 감독을 지속적으로 해야 하고, 지도도 구조화의 사고를 활용해야 한다. 일반적으로 기능 수준이 높지 않은 수요자에게 제공되는 프로그램이다.

5. 셸터 워크샵(sheltered workshop)

문자 그대로 보호작업소이다. 자폐증 등 장애를 가진 사람들을 위해 디자인되고 마련된, 모든 작업 과정이 작업소 내에서 이루어지는 자기 완결적 작업 환경이다. 대체로 가장 장애가 무겁고 기능 수준이 높지 않은 사람들이 일하는 보호작업소이다.

◢ 사회적 여가 프로그램

티치 프로그램은 사회적 활동을 여가 활동과 통합하여 지원하기 위한 서비스에도 열심이다.

그 대표적인 것이 소셜 클럽(social club)이라는 활동이다. 필자가 참가한 것은 매주 토요일 오후에 실시되는 활동으로, 메지보프 교수와 다른 스태프가 시민들과 학생 자원봉사자들의 협력을 얻어 직접 지도를 맡고 있었다. 시내의 레스토랑과 게임 센터에서 여가 시간을 즐기거나 이발소와 미용실 이용 방법을 배우거나 프로야구 야간 경기를 구경하러 가는 사람들도 있었다.

지금까지 개략적으로 설명한 티치 프로그램은 자폐증을 위한 포괄적 치료교육 프로그램으로, 오늘날 여러 측면에서 가장 큰 성과를 올리고 있음이 세계적으로 확인되고 있다. 그럼에도 불구하고 나에게 티치 스태프가 겸손하게 되풀이했던 말이 인상에 남는다.

"우리는 자폐증을 낫게 하는 방법은 전혀 갖고 있지 않다. 혹은 장애 그 자체를 경감시키기 위한 비결도 갖고 있지 않다. 좋은 예후는 그들 스스로의 회복 능력이나 개선 능력에 의한 것일지도 모른다. 그러나 설령 중증 장애를 가진 사람들이라도 그들이 다양한 능력과 기능을 발휘하여 사회 속에 편입되어 살아갈 수 있도록 교육적 지원을 하는 것은 충분히 가능해졌다."

그들은 언제나 이렇게 말하며 구체적인 실천 방법을 성심껏 들려주었다.

◆ TEACCH ◆

의사소통을 위한 지도와 지원

TREATMENT AND EDUCATION OF AUTISTIC AND RELATED COMMUNICATION-HANDICAPPED CHILDREN

2 장
의사소통을 위한 지도와 지원
생각과 마음의 교류를 추구하며

◢ 전두전야 / 실행 기능 : 뇌 기능의 컨트롤 센터

자폐증의 뇌 기능 장애와 관련하여 일찍이 1980년대부터 주목된 것이 전두전야(특히 배외측 부위)이다. 아래에 설명할 실행 기능(executive function)의 장애가 주목되면서였다.

전두전야는 뇌 기능 중추(컨트롤 센터)로 연구자들의 관심을 받아 왔다. 일상생활의 여러 상황에서 학습을 하거나 적응 행동을 하려고 할 때 우리는 과거에 경험하거나 습득하여 축적해 놓은 방대한 양의 정보와 기능에 동시 순간적으로 접속한다. 그리고 끄집어낸 정보를 정리하면서 필요한 것과 불필요한 것을 나누고 필요한 것만을 간추린다. 그 역할을 담당하는 것이 전두전야이다.

따라서 우리가 상황이나 문맥에 잘 적응하느냐 못 하느냐는 전두전야의 활동에 의존하는 부분이 크다. 전두전야의 활동에 따라 과거뿐 아니라 현재의 체험에서 습득한 정보를 폭넓게 활용하고 응용하여 적절한 행동을 취하려고 한다.

우리는 그 기능에 의존하면서 무엇을 할지, 어떻게 할지를 기획

하고 그에 따라 실행한다. 그러고는 그렇게 해서 잘되었는지, 잘못되거나 모자라는 것은 없었는지 자기평가와 반성을 한다. 그 결과, 다음에 같은 일이 생기면 말과 행동을 일부 또는 근본적으로 고쳐 실행하려고 한다. 우리는 이렇게 실행 기능이라고 불리는 일련의 신경심리적 역할과 실제 행동의 기반을 전두전야의 활동에 크게 의지하고 있다.

즉 실행 기능이란 장·단기적인 행동 계획을 세우는 데 필수적인 것이다. 또한 날마다 순간순간을 살아가는 경우에도, 예를 들면 누군가와 대화할 때 말 한 마디에도, 몸동작 하나에 대해서도 우리는 실행 기능에 기초하여 행동하고 활동한다.

잠시 동안이든 장·단기적 전망을 갖는 일이든 모든 말과 행동에는 목표가 있다. 지금 당장 무엇을 어떤 말투로 전할까, 혹은 이건 좀 시간을 들여 생각할까 등 행동 목표를 세우면 그 목표에 이르기까지의 활동에 우선순위를 명확히 해야 한다. 이것은 일상생활의 모든 시간에 어떤 정도로든 빼놓을 수 없는 일이다. 언제나 우리는 충동적이고 즉흥적으로 행동하고 있는 것이 아니다.

자폐인/광범위성 발달장애인이 보이는 다양한 상황의 부적응 상태를 이해하기 위해서는 이 실행 기능 부전이라는 개념이 유용하다. 이 책의 목적이 뇌신경학 연구의 최신 성과를 상세히 소개하는 것은 아니지만, 교육이나 기타 지원을 실행하는 사람이 잘못된 이해나 판단을 하는 일이 없도록 가능한 범위 내에서 해설해 보려고 한다. 불확실한 이해나 판단에서 비롯된 지나친 지원이나 대응이 없었으면 하는 바람에서이다.

최근 자기공명영상(MRI) 등을 이용한 연구에서 다음과 같은 사실이 입증되었다. 즉 자폐인은 의사소통을 비롯하여 대인 관계나 뇌의 동시 통합적 활동을 필요로 하는 과제에 대응하는 뇌의 전두전야, 특히 배외측부라 불리는 부분이 작고 활동도 활발하지 않다는 것이다. 이 결과를 통해 자폐인이 쌓아 온 지식과 경험, 기능을 다양한 상황에서 임기응변적으로 적절하게 응용하지 못하는 것을 이해할 수 있다.

지능 발달은 좋거나 지능지수는 높은데 계획적인 공부를 못 한다든지 암기 과목은 아주 잘하는데 응용문제가 나오면 심하게 당황한다든지 하는 것은 자폐 아동과 관련해 곧잘 거론되는 부분이다.

티치 프로그램의 스태프가 곧잘 "자폐 아동의 교육은 지능지수에 의존해선 안 된다. 발달장애의 특성에 따라 교육해야 한다"고 말하는 데는 그런 의미가 깔려 있다.

◢ 편도체·변연계 : 공동 주목

자폐 아동은 엄마나 치료교육자와 눈 맞춤을 하지 않고, 미소를 나누지 않으며, 상대에게 자신의 관심 대상을 손가락으로 가리켜 보이지 않는다. 또한 물건을 상대에게 내보이지 않는다는 것이 자폐증 발견 초기부터 주장되었다. 타자와 동시에 같은 사물에 주의나 관심을 두는 기능(삼항관계 三項関係), 이른바 공동 주목(joint attention)이 발달하기 어렵다는 것이 확인되었다.

즉 공동 주목은 의사소통을 포함한 대인 상호관계 발달의 기반을 이루는 것으로 보이며, 그것이 어렵다는 것 자체가 자폐증의 기본적 장애이거나 특질이라고 생각하는 전문가도 있다.

이 공동 주목에 관해서도 근래 실험심리학이나 뇌과학 영역에서는 새로운 연구가 진전되고 있다. 최신 연구자들은 자폐아의 '반사적 공동주목'에 대한 연구에서 대략적으로 다음과 같은 사실을 밝혔다.

원래 모든 아이는 눈앞에 있는 상대의 시선이 가는 쪽으로 반사적으로 시선을 향하게 되는 자동적인 뇌 내 프로세스가 있다고 한다. 예를 들면, 아이의 눈앞에 있는 엄마가 갑자기 시선을 다른 쪽으로 돌리면 아이도 자동반사적으로 그쪽을 바라본다.

이 현상은 거의 반사적인 것으로, 상대의 흘끗하는 순간적인 시선 이동에 따라 일어난다. 0.1초라는 극히 짧은 시간 내의 방향 제시로 일어나는데, 1초 이상의 시선 이동에도 반응한다. 즉 이 시선의 자동적이고 반사적인 기능에는 아주 단시간의 빠른 프로세스와 느린 표상적 프로세스의 둘 다가 있고, 아이는 본디 양쪽 모두에 반응을 하는 것이다.

그런데 이 반사적 공동 주목 현상이 자폐 아동의 경우에는 단시간의 시선 방향 제시에는 반응하지만 시간이 걸리는 시선 이동에는 반응하지 않는 경향이 뚜렷했다. 또한 시선을 맞춘 후에 이 반응을 조사해 보면, 자폐 아동은 정형 발달을 보이는 아동에 비해 명백하게 시선 이동 반응이 떨어진다는 것도 증명되었다.

즉, 눈앞의 상대가 그냥 순간적으로 옆을 보는 상황에는 자폐 아동과 일반 아동 간에 눈에 띄는 반응의 차이는 없지만, 상대와 눈을 맞춘 상태에서 시선을 휙 돌리는 경우, 자폐아는 반응이 약해지는 것이다.

이것은 눈 맞춤이라는, 상대와의 사이에 정서나 정동(희로애락과 같이 일시적으로 급격히 일어나는 감정을 가리키는 심리학 용어 – 옮긴이) 작용을 일으키는 상태를 만든 후의 시선 이동(공동 주목)이다. 따라서 자폐 아동은 그 부분만 현저하게 약하다는 것이고, 이 취약점이 의사소통과 사회적 대인 관계의 장애의 기반이 되는 신경생물학적 근거로 대단히 중요시되고 있다.

이러한 뇌신경학적 연구 방법에서도 앞서 소개한 뇌 기능 자기공명영상(MRI)이 큰 역할을 담당하고 있다. 즉 시선 방향에 관계없이 상대의 시선을 인지하는 것에는 왼쪽 편도체가 작용하고, 눈 맞춤 때는 오른쪽 편도체가 작용하는 것이 확인되었다.

눈 맞춤 뒤에 시선을 이동해 보여도 공동 주목이 유발되기 어렵다는 것은 편도체의 활성 자체가 약하거나, 활동하더라도 그것을 공동 주목으로 돌릴 신경 회로에 연결시키지 못하거나 한다는 것인데 최종 결론이 나려면 앞으로 더 기다려야 할 것 같다.

편도체란 뇌의 피질 아래에 있는 특수한 신경세포군이 밀집한 신경핵의 집합체이다. 그 기능은 인간의 정서나 정동 작용에 깊이 연관되어 있다. 사고나 학습이라는 행위의 대부분은 대뇌피질에 의존하고 있는 데 비해, 편도체는 의식 저변의 반사적인 반응과 기능을 맡고 있기 때문에 자폐증은 의식 저변의 반사적 반응과 기능에 장애가 있음이 강하게 시사된다.

이렇게 시선 이동에 기초한 공동 주목에 관한 것에서 출발한 연구가 현재는 상대의 표정에 내포된 감정을 인지하는 것에 관한 문제로 점차 발전하고 있다. 상대의 표정에서 감정을 이해하는 것은 원활한 의사소통을 유지하기 위해 빼놓을 수 없는 것이다.

최근에 와서 인간의 정동과 정서에 관련해 중요한 기능을 가진 대뇌변연계의 몇 군데 영역이 다른 사람의 표정을 인지하고 의미를 처리하려고 할 때 활발하게 활동하는 것이 확인되고, 그때 편도체와도 연계해서 기능을 수행하고 있다는 것이 판명되었다.

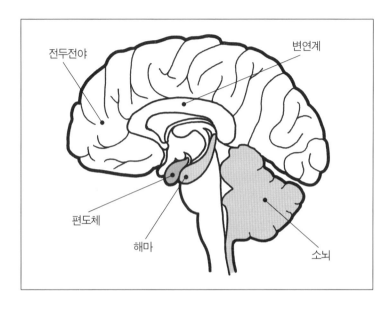

MRI 검사를 적용하여 연구한 자폐인의 편도체는 신경세포군의 크기가 작은 데다, 기능적 MRI 검사로 그 움직임을 관찰해 보니 눈앞의 상대나 사진 속 사람의 표정에 대한 반응이 명백히 빈약하다는 것이 확인되었다. 자폐 아동은 상대방 표정의 의미를 읽는 표정 인지 기능이 빈약하다. 그 배경에도 편도체의 기능 부전이 있을 것이라고 예상된다.

이상과 같은 자폐증의 신경생물학적 연구는 아직 진행 중에 있다. 현재에 이르기까지 일본 연구자들의 업적도 크다. 필자가 가르침을 받은 사람만 해도 다음과 같은 사람들이 있어 적어 둔다. 오카다 다카시(岡田 俊), 도이치 모토미(十一 元三), 사토 와타루(佐藤 弥)

(이상 교토 대학), 가와시마 류타(川島隆太, 도호쿠 대학) 등이다.

◢ 거울 뉴런(MNS) : 모방 행동과 다른 사람의 표정에 대한 반응

인간이 사회적 존재로 운명 지어진 이상, 다른 사람과 사회적 의사소통에서 기능 부전을 보인다는 것은 존재의 기반이 뒤흔들린다는 것을 뜻한다.

그 뇌신경학적인 의사소통의 기반이 느리지만 조금씩 밝혀지고 있다. 그중에서도 최근, 인간의 모방 행동과 밀접한 관계를 갖는다고 생각되는 신경 기반이 새롭게 해명되고 있다.

그것은 거울 뉴런(mirror neuron system, MNS)이라 불린다. 다른 사람의 표정에 반응하는 것과 관련된 기능을 가진다고 간주되는데, 뇌의 하전두이랑(전두엽 아래쪽 이랑) 덮개부라는 부위가 관여하고 있다. 다른 사람의 표정이나 동작의 의도를 읽는 등 공감을 포함한 사회적 기능과 깊이 연관된다.

이처럼 자폐증의 특성과 진단 기준으로 가장 중요시되는 의사소통 기능의 질적 차이가 왜 나타나는지 그 기반과 배경이 최첨단 연구에서 차례로 해명되고 있다.

예를 들면 연구를 위해 특별히 설정된 공간에서 자폐 아동에게 사람의 얼굴 사진을 평소와 다른 각도에서 보여 주면, 동일 인물이라고 판단하는 능력이 정형 발달 아동에 비해 현저하게 뒤떨어진다.

이런 현상의 이유로, 예전부터 전체보다 부분적이고 세부적인 것에 관심의 초점을 강하게 두기 쉬운 특성(single focus, mono-track ; 두 가지 이상의 감각 정보를 동시에 처리하지 못하는 자폐인의 특성 가운데 하나를 말한다. 한 번에 한 가지의 감각 정보밖에 처리하지 못하기 때문에 동시에 여러 가지 일을 하기 힘들어 한다. 또한, 한 번에 넓은 범위의 정보를 파악하지 못해 시야가 좁다고 한다. – 옮긴이)이 주장되었는데, 이와 관련해서도 과연 다른 측면은 없는지 더 자세히 밝히기 위해 기능적 뇌 영상 등을 이용한 연구가 계속 진행되고 있다.

◢ 의미 있는 의사소통과 더불어 살기

이렇게 MRI를 응용한 최신 연구가 의사소통 장애에 관한 신경 심리생물학적 기반을 밝히려 하고 있다. 그러나 장애의 본질적 문제에 대한 치료법이나 교육법은 아직 제시되지도 실천되지도 않고 있다. 또한 그러한 연구나 성과에 대한 확실한 보고는 없고, 약물 개발이 시작되었다는 소식도 아직 없지만 가장 앞선 연구자들은 아마도 준비 단계에 들어섰을 것이다. 자폐증에 대한 조기 대응을 통해 장애의 본질적 개선이나 치료에 접근하는 큰 성과를 기대할 수 있는 시대가 올지도 모른다.

그러나 아직 당분간은 티치 프로그램 스태프들이 말하듯이, 자폐인이 자폐증이라는 장애와 특성을 가진 채로 자립적 활동과 삶이 가능하도록 우리는 지원하고 성원을 보내고 서로 행복하게 더불어 살기를 꿈꾸도록 노력해야 할 것이다. 쇼플러 교수의 뒤를 이은 메지보프 티치 본부장이 말하듯, 서로 의미 있는 의사소통을 하면서 더불어 살아가는 것을 목표로 최선을 다해야 한다.

◢ 왼쪽 대뇌 반구 기능의 장애

1970년 경부터 자폐증은 적어도 왼쪽 대뇌 반구의 기능 장애와 크게 관련되어 있다는 것이 많은 임상가나 연구자에 의해 지적되었다.

　전기 신경생리학적 연구 기술에 의해 좌우 반구의 피질에서 청각 유발 전위(소리나 청각 경로의 자극으로 대뇌피질에서 유발되는 전기 반응 – 옮긴이)를 기록하는 방법이나 일반 임상검사에 응용되는 양쪽 귀 기능 검사 기법 등을 이용해 자폐 아동의 여러 가지 정보 처리에 관한 대뇌반구의 반응과 움직임을 비교 검토함으로써 많은 정보가 확인되었다.

　예를 들면, 자폐증 유아와 정형 발달 유아에게 수면 중(엄밀하게는 램 수면 중) 똑같은 음성언어나 그 외의 소리를 들려주고 좌우 반구에서 청각 유발 전위를 뇌파상에 기록하면 양자는 현저한 차이를 보인다는 것이 확인되었다(Peter E. Tanguay, 1976).

　즉 정형 발달 유아군에서는 좌반구와 우반구의 유발 전위가 서로 일정한 차이를 보이는 데 비하여, 자폐아군은 그런 좌반구와 우반구 사이의 한결같은 차이가 나타나지 않는다. 이런 사실은 자폐 아동에서는 대뇌 반구의 정상적인 좌우 기능 분화가 이루어지지 않는다는 것, 혹은 기능 분화의 발달이 명백히 늦다는 것을 의미할 것이다.

　그와 관련하여 자폐 유아의 우세한 손과 귀, 발 등의 발달이 늦고 시간이 아무리 지나도 서툰 양손잡이로 있거나, 만화경이나 망원경을 한쪽 눈으로(우세한 눈을 사용해서) 능숙하게 들여다보지 못하는 현상이 일상적으로 관찰된다.

　나아가 학령기부터 청년기의 자폐인을 대상으로 피질 유발 전위(감각기관에 시각, 청각, 체성감각 등의 자극을 주었을 때 나타나는 뇌 부위의 전기적 활동 – 옮긴이)를 측정함으로써 대뇌 반구의 기능 분화 양상을 검토한 연구도 있다(Geraldine Dawson, 1986). 그 결과 정형 발달 대조군에서는 대상자 모두 음성언어에 대한 반응의 특정 성분이 좌우 반구 사이에 비대칭적이었고, 언어중추가 있는 좌반구 우위성을 나타냈다. 그러나 자폐증군에서는 음성언어에 대한 반응이 정형 발달 대조군과는 전혀 반대인 우반구 우위성을 보이는 경우가 70퍼센트 가까이나 되는 것이 확인되었으며, 나이가 들어 언어 능력이 발달된 사람일수록 일반인의 좌반구 우위 패턴에 가까운 비대칭성을 보이게 된다는 것도 확인되었다.

1980년대에 행해진 일반 유아에 관한 연구에서도 생후 2~3개월까지는(혹은 출생 직후에 이미) 성인과 비슷한 기능상의 비대칭성이 좌우 대뇌 반구 사이에 분명히 확인된다고 했다. 또한 자폐 아동의 다수가, 그것도 연령이 낮고 언어장애가 심한 아동일수록 좌우 반구의 기능 분화가 잘 되지 않는다는 것과, 나이가 들어감에 따라 언어 발달이 진전되는 사람들은 일반인의 분화 방식에 가까워진다는 정보가 축적되고 있다.

미국 워싱턴 대학 심리학과의 신경심리학자 도슨(Geraldine Dawson)은 자신의 연구도 포함된 최근의 수많은 연구 성과를 고찰한 결과, 자폐 아동이 나타내는 대뇌 반구의 기능 분화 패턴은 일반적 발달에서 보이는 보편적 원칙에 비교해 보자면, 단순한 발육이나 발달의 지연이라기보다는 그냥 "다른 것"이라고 생각된다는 결론을 내렸다. 자폐아는 언어능력이 발달함에 따라 언어에 관계하는 좌우 반구의 기능 분화 패턴이 이동하기 시작한다. 그 이동에서는 우반구 중심의 언어 과정이 정형 발달 아동의 비대칭성과 같은 좌반구 중심으로 향하는데, 이렇게 연령과 더불어 언어에 관한 반구 기능이 이동하거나 변화하는 현상은 정형 발달 아동에게서는 결코 나타나지 않는 것이라고 한다.

더 단순하게 일반 임상 검사에서 사용되는 양쪽 귀 기능 검사법으로 일반 아동과 자폐 아동의 좌우 반구 기능을 측정한 연구도 있다. 이어폰으로 좌우 귀에 각각 다른 회화를 동시에 들려주고, 어느 쪽 귀에 음성이 들렸는지를 묻는 검사이다. 8세에서 13세까지 19명의 자폐 아동에 관한 연구 검사에서는 정형 발달 대조군 아동이 언어중추가 존재하는 좌반구의 우위성을 의미하는 오른쪽 귀의 우위성을 나타낸 것과 대조적으로, 자폐 아동은 5세 이전에 언어 발달이 좋았던 7명만이 정형 발달 아동과 같은 오른쪽 귀, 즉 좌반구 우위 패턴을 나타냈을 뿐, 나머지 12명은 반대인 왼쪽 귀(우반구) 우위, 혹은 어느 쪽도 우위성을 나타내지 않는다는 결과가 나왔다 (Prior, M.R. and Bradshaw, J.L., 1979).

이같은 임상연구는 이 외에도 다수 있고 언어 기능 훈련을 하면서 장기간 추적 연구한 케이스에서는 구어 발달이 양호했던 경우일수록 오른쪽 귀 우위성(좌반구 우위성)이 증명되었다.

이같은 결과들은 언어 훈련에 의해 말에 관련된 좌반구 기능이 개선되는 것인지, 또는 자폐 아동이 각자 선천적으로(생물학적으로) 갖고 있는 좌반구 기능 장애의 정도가 다양해서 오늘날의 언어치료 방법으로 그 생물학적 기능의 변화나 개선을 좌우할 수 있는 것인지에 대해 많은 의문을 제기하는 것으로, 아직 유효한 임상법은 개발되어 있지 않다.

물론 좌반구 기능장애만으로 자폐성 장애의 많은 징후나 문제는 물론, 언어 기능장애 전체가 설명되지는 않는다. 그러나 자폐 아동이 보이는 심각한 언어 및 의사소통 장애를 다룰 때 언어중추가 있는 좌반구 기능의 장애는 중요하고 기본적인 문제이다.

▲ 오른쪽 대뇌 반구 기능의 우위성

자폐아 대부분은 시각적 패턴을 인지하고 기억하는 능력이 뛰어나다. 따라서 한 번 갔던 길을 잘 기억하고 같은 코스대로 가려고 하거나, 직소 퍼즐 등을 좋아해서 적극적으로 하려고 한다.

또한 자폐 아동의 발달 초기(혹은 오랜 기간에 걸친) 언어는 반향어(에콜랄리아 echolalia) 즉 남의 말을 그대로 따라 하는 경우가 많다. 이런 양식의 언어 과정은 의미를 이해하는 데 유용한 분석적 활동이 아니라, 음악을 들을 때처럼 전체적으로 듣고 파악하는 행위라고 설명하는 신경심리학자들도 적지 않다.

게다가 자폐 아동이 사진이나 그림으로 사람을 식별하려고 할 때 그 실마리로 눈, 코, 입 등 표정 형성에 관련된 부분에 주목하는 여느 아동과 달리, 헤어스타일 등 전체적인 윤곽으로 식별하는 경향이 뚜렷하다는 것도 1970년대부터 알려졌다.

이러한 특성은 모두 우반구 우위성에 바탕하여 기능하는 활동으로, 자폐인의 우반구 기능이 우위 상태라는 것을 강력하게 시사한다. 그러나 많은 자폐인들의 말과 행동에는 시각이나 청각 인지, 좌우의 지각을 포함한 자기 인지와 보디 이미지(자신의 몸에 대한 이미지를 일컫는다. 감각을 통해 파악한 신체의 이미지도 포함된다. ─ 옮긴이) 등에 혼란과 장애가 다양한 수준으로 관찰되므로, 우반구 기능 부전이 있다는 것도 분명하다.

따라서 자폐증의 우반구 기능 우위 상태는 좌반구의 보다 무거운 장애로 인해 좌반구에서 처리되어야 할 언어 및 비언어성 기능의 처리 과정을 우반구에 과도하게 의존할 수밖에 없는 상태를 의미한다고도 할 수 있다.

그 외 자폐 아동이 발달 초기에 보이는 모방 행동과 관련한 중증 장애도 좌반구 기능장애에서 주요한 원인을 찾을 수 있다. 한편으로 모방 활동이나 모방 놀이는 의사소통을 비롯해 다양한 사회성 발달의 기반이 된다. 어떻든 자폐인에게 있어 좌반구 기능의 장애와 상대적인 우반구 기능의 우위성이라는 특성은 치료교육을 위해 특히 유의해야 한다. 예를 들면 자폐증을 가진 아동과 성인 다수가 보이는 폭발적인 불쾌감 표시는 '분노발작'이라든가 '패닉' 등으로 총칭되는데 그와 같은 격렬한 부정적(불안, 불쾌 등) 감정 반응은 고통을 억제하고 조정하는 좌반구의 기능 부전으로 인해 우반구 우위의 표현이 된 결과라고도 이해할 수 있다.

◢ 표상·인지와 사회성 장애

이렇게 자폐인들은 언어와 의사소통 기능에 심각한 지장을 초래하는 대뇌의 좌우 반구 기능, 그리고 좌우 반구의 기능 분화와 협조라는 면에서도 다양한 수준의 장애를 갖고 있다. 양측 반구 기능장애 그 자체와도 깊이 관계가 있을 것으로 보이는데, 그들은 언어나 의사소통을 위해 중요한 표상, 인지, 의미, 개념 등의 기능에서 발달장애를 보인다. 게다가 그와 같은 기능장애에서 비슷한 수준을 보이는 다른 발달장애인들과 비교하면 사회적 정서 기능에서도 더욱 무거운 장애를 함께 지니고 있다.

이상과 같은 신경생물학적 장애로 인해 자폐인들의 언어와 의사소통 방법을 지원하거나 발달을 돕는 것은 쉽지 않은 일이다.

따라서 자폐인들을 위한 언어치료나 의사소통 훈련에서는 면밀한 진단, 평가와 더불어 신중하고 끈기 있는 지원과 대응이 필요하다. 적절치 못한 지도는 성과를 올리지 못할 뿐 아니라 그들에게 큰 고통을 가져다주게 된다.

일찍이 언어 발달 지연이 두드러지는 자폐 아동에 대해 말을 풍부하게 거는 것이 치료 효과가 있다는 등 안이한 주장이 있었지만 오늘날의 관점에서 증례에 의하면 상당히 거친 방법이었다고 할 수 있다. 이 방법은 안이한 통합교육과 마찬가지로 자폐아에게는 고통을 강요하는 결과가 되었다고 판명되었고, 무지했기 때문이라고는 하나 무모한 행위를 해 왔다고 생각한다. 자폐인들의 노멀라이제이션을 위해 성실한 노력을 계속하고 있는 티치 프로그램 관계자들의 용의주도하고 끈기 있는 교육, 지원 활동과 그 성과에 접해 보고 더더욱 절감하게 되었다.

◢ 의사소통 장애와 욕구불만

고기능과 아스퍼거 증후군까지 포함하여 대다수 자폐인들은 실용적 언어(화용언어)를 공감성을 포함한 지점까지 발달시키기가 어렵다고 한다. 또한 언어능력이 상당한 수준에 도달한 경우에도 일반인들과 의사소통할 때 말을 구사하는 방법에 있어서 기분과 감정을 주고받는 것을 포함해 여러 가지 어려운 문제가 관찰된다.

자폐인뿐만 아니라 누구라도 주위 사람과 의사 교환이 생각대로 되지 않을 때 고뇌와 욕구불만은 극대화될 것이다. 의사소통에 대해 특별한 배려를 받지 못하는 자폐인들 대다수는 아마 늘 심한 욕구불만 상태에 있을 것이다.

그들이 하는 부적응 행동 대부분은 주위 사람들에게 자기 의사와 욕구를 전할 수 없다는 것과, 상대가 하는 말을 잘 이해할 수 없다는 것, 즉 의사소통을 못 하기 때문에 생기는 것이라고 생각된다. 그러므로 의사소통 기능을 개선시키거나 발달시키게 되면 환경 적응이 좋아지고 행동 장애는 그만큼 줄거나 사라진다.

자폐인들도 부모나 지인 등과 가정과 학교, 지역사회에서 활동하고 살아가기 위해서는 언제나 자기 의사를 상대에게 전하고 상대 의사를 이해하여 받아들여야 한다. 그러기 위해서 어릴 때부터 치료교육에서 반드시 그와 관련한 지도를 받아야만 한다. 그들의 상태를 그저 그대로 받아들이면 된다는 자세는 안이하다.

말이 잘 통하지 않는 외국에서 생활한 적이 있는 사람이라면 금방 이것을 이해할 수 있을 것이다. 주위 사람들이 친절하기만 하면 되는 게 아니다.

유효한 의사소통을 하지 못하는 채로 많은 사람들 속에 들어가 있다고 그것을 노멀라이제이션이라고 할 수는 없다. 조금이라도 자존심이 있는 사람이라면 혼자 있는 편이 훨씬 더 낫다고 생각할 것이다.

실제로 자폐인들은 그런 식으로 행동한다. 의사소통 방법을 익히면 사람들 속으로 들어오고, 그렇지 못하면 혼자 있고 싶어 한다.

◢ 인지·정서·사회성 장애

자폐인들의 의사소통 기능장애에 관한 특징적 문제점에 관해 예전부터 지적된 사항을 정리해 보겠다.

우선 '정서와 사회성 문제'가 있다. 그들은 주위 사람들과의 관계가 매우 서툴다. 대인 관계에 대한 욕구가 별로 없는 것처럼 보이기도 한다. 감정 표현 방법도 원활하지 않아서 곧잘 일방적으로 너무 격하게 표현하거나, 남들이 보기에 느닷없이 반응해서 이상해 보인다. 유아기에는 부모에게조차 쉽게 애착을 나타내지 않는다. 뿐만 아니라 불러도 눈을 맞추려고 하지 않는다. 성장해서 소년기, 청년기를 맞이해도 주위의 특별한 배려가 없으면 급우들이나 지인과 정서적, 공감적인 감정 교류를 거의 하지 못한다. 서로 역할을 맡아서 하는 집단적, 사회적 활동을 영위하게 되는 사람은 극소수이다.

또한 자폐인들의 지각과 인지 기능의 특이성도 중요한 문제이다. 그들은 보이는 대상과 환경의 의미를 일반인들과 같은 식으로는 해석하지 않는 것 같다. 그로 인해 다양한 수준으로 자폐인 특유의 부자연스러운 관심이나 고집을 보이기도 한다. 장난감이나 기타 물건들을 그저 옆으로 줄을 세워 늘어놓기만 하고, 누가 조금이라도 건드리려고 하면 격하게 싫어하며 흥분하거나, 선풍기나 환풍기처럼 회전하는 것에 정신이 팔려 오랫동안 쳐다보고 있거나 한다. 혹은 일반적인 장난감에는 흥미를 보이지 않고 회전의자를 빙글빙글 돌리는 것에 집착하기도 한다.

또 상상놀이나 소꿉놀이처럼 상징적 의미를 이해하거나 역할을 분담하는 등 관계 개념의 발달이 필요한 놀이는 좀처럼 하지 못하고, 탐색이나 실험 혹은 모험적 활동도 힘들다.

자폐인들에게는 행위의 결과에 대한 예측과 인과관계 이해가 힘들고, 자신의 행동이 상대에게 끼치는 의미와 영향을 추측하거나 이해하는 것도 매우 어렵다. 이것은 자신의 말과 행동이 상대에게, 또한 상대의 행위와 말이 자신에게 각각 서로 영향을 준다는 의사소통 관계 그 자체를 잘 이해하지 못한다는 사실과 연관된다.

마지막으로 '언어 자체의 장애'에 대해 언급해 두겠다. 언어는 구체적 사실을 나타내기 위한 상징적 '기호'이자 약속이므로 언어를 획득하기 위해서는 표상과 상징 기능의 발달이 전제되어야 한다. 또한 언어라는 약속을 함께 지키려는 공감과 협조의 감정도 발달해야 한다. 사물이나 현상이 갖는 보편적 기능과 의미를 이해할 수 없다면 말과 사물의 관계나 말이 의미하는 것을 이해할 수 없다. 실제의 자동차와 개, 장난감 자동차와 개 인형, 그리고 그림책 안의 그것들은 모두 의미하는 바가 같은 '자동차'와 '개'이지만, 이 보편적 의미를 이해하지 못하면 각각 다른 상황(문맥) 안에서 말을 이해하는 것이 어렵다.

나아가 '참다', '힘내다', '친절' 등 추상적 단어는 아주 다양한 상황이나 전후 관계(문맥) 속에서 사용되기 때문에 그 이해는 더 어렵거나 불가능해진다.

우리가 평소 별 생각 없이 많이 쓰는 "안 돼", "나중에", "참아", "기다려" 등의 말을 여러 상황에 맞게 적절히 이해할 수 있는 자폐인은 나이가 꽤 들고 고기능인 경우이고, 그렇지 않은 사람들에게는 그런 식의 말이 그들을 크나큰 혼란과 고통 상태로 몰아넣는다.

이런 공감성과 정서 기능, 사회성, 인지 등의 기능에서 장애가 현저한 자폐인들이 언어를 이해하고 표출하는 데에는 여러 가지 어려움이 있다. 많은 자폐 아동은 물론, 청년 및 성인 자폐인들도 화용언어를 풍부하게 습득하지 못한다. 설령 고기능이고 많은 말을 습득한 경우에도 상대의 기분이나 주변 분위기를 파악해서 임기응변으로 사용하는 데에는 어려움이 크다. 그들 대부분은 표정, 몸짓, 손가락질 등 비언어적 의사소통 기능을 습득하고 발달시키거나 사용하는 것도 어려워한다.

그로 인해 유아기 발달이 미분화한 자폐 아동은 요구를 표현할 때 말이나 손가락질을 하지 않고 상대의 손목을 잡고 원하는 것이 있는 곳으로 끌고 가는 직접적 행동을 하는 것을 흔히 볼 수 있다.

또한 자폐인들은 자발어(반향어와 달리 스스로 자신의 의사를 말로 표현하고 그 말이 상황에 맞게 적절한 것 – 옮긴이)를 할 수 있어도 요구나 거부, 또는 기껏해야 주의 환기 기능의 영역에 편중되어 있기 쉽고, 설명이나 정보 교환 같은 공감적 의사소통을 위해 사용하는 경우는 대단히 적다. 게다가 한 개의 단어를 다양한 상황에서 유연하게 구사하는 것도 서툴다.

발달 초기 자폐 아동의 언어 특징으로 반향어(에콜랄리아)라는 것이 있다. 말을 걸면 즉시 그 말을 그대로 따라 하는 것인데 때로는 그 자리에서가 아니라 한참 지나서 계속 되풀이하는 경우가 있다. 반향어는 대부분의 경우, 누가 자신에게 하는 말의 의미를 이해하지 못한 상태에서 더구나 대답까지 해야 하는 상황일 때 튀어나온다. 당황했을 때는 고기능이나 아스퍼거 증후군의 사람들에게서도 나타난다.

또한 이해할 수 없다고 표현하려 할 때 반향어를 말하는 경우도 있다고 티치 스태프들은 곧잘 말한다. 이해를 못 하고 난처해하고 있기 때문에 도와 달라는 곤혹스러움의 표현을 그들은 반향어로 호소하는 경우가 있다는 것이다. 반향어를 이런 관점에서 해석하는 것도 자폐인들의 언어와 의사소통 기능을 평가하거나 지도할 때 중요하다고 본다.

일반적으로 자폐인들은 말을 문맥과 연결 지어 이해하는 것을 어려워한다. 짧게 완결된 말밖에 이해할 수 없는 사람들이 많다. 상당히 능숙하게 말을 구사하는 고기능 자폐인이라도 그러하다고 스스로 말한다.

그렇기 때문에 그들 대부분은 도감이나 특정 그림책같이 각 페이지마다 의미가 완결되는 책을 좋아하고 앞 페이지와 연결 지어 다음 페이지를 봐야 하는 책은 이해하기 힘들고 관심을 나타내지 않는 경우가 많다. 특히 어린아이들의 경우가 그렇다.

◢ 의사소통의 기능

이처럼 심각한 언어와 의사소통 기능장애를 가진 자폐인들에게 의사소통 지도를 할 때 티치 프로그램의 중요한 원칙은 단순히 언어 기술이 아니라 의사소통 기술을 가르친다는 것이다. 올바른 말이나 풍부한 언어를 가르친다는 것은 자폐인들에게나 치료교육자에게나 힘은 많이 드는 데 비해 성과는 적은 일이다. 티치는 여기에 에너지를 쏟아붓는 것이 아니라, 자폐인 한 사람 한 사람의 기능 수준에 맞춰 일상생활에서 실용적인 의사 전달 능력을 촉진시키는 것을 기본 이념으로 한다.

티치 스태프들이 과거의 치료교육 경험을 통해 알게 된 것은, 자폐인들에게 즉각적인 도움이 되지는 못하면서 기능 개선을 한다며 많은 어려움을 동반하는 지도와 훈련을 계속 받게 하는 것이 종종 의사소통에 대한 의지 그 자체를 잃게 하는 폐해를 초래한다는 것이다.

따라서 티치 프로그램은 의사소통 기능이 낮은 어린 자폐 아동에게는 매일의 생활이나 교실에서 즉각적이고 실질적으로 도움이 되는 의사소통 기술을 익힐 수 있도록 교육한다. 특히 지적 장애가 있는 발달장애 아동에게는 세심한 교육적 배려를 한다.

지도에 앞서 우선 자폐 아동이나 청년이 현재 어떤 의사소통 기술을 갖고 있는지, 그리고 그 기술을 어떤 상황에서 어떻게 사용하고 있는지 상세하게 알아야 한다.

여기서 평가를 위한 관점이라고 할 만한 '의사소통 기능'에 대해 티치가 중시하는 7개의 요소를 소개하겠다. 그것은 ①요구 ②주의 환기 ③거절(거부) ④설명 ⑤정보 제공 ⑥정보 청구 ⑦그 외 감정과 공감의 표현(교환)이다.

우선, '요구'는 무엇을 원한다거나 무엇을 해 달라는 요구를 나타내거나, 무엇을 해도 좋은지 허락을 구하는 말과 행동이다. '주스'라고 말하거나, 냉장고를 손가락으로 가리키거나, 상대의 손을 끌고 냉장고로 데려가는 등이다.

'주의 환기'는 큰 소리를 내거나, "엄마" 하고 부르거나, 교사의 어깨를 두드려서 자신에게 관심과 주의를 향하게 하려는 것이다.

'거절'은 상대의 요구를 거부하는 것으로 "싫어"라고 말하거나, 고개를 흔들거나, 손으로 상대를 밀어내거나, 크게 소리를 지르는 것이다. 개중에는 자신의 머리를 때리거나 손등을 물어 거부의 감정과 그에 따른 당혹과 불안을 나타내기도 한다.

'설명'은 자신과 상대, 나아가 특정 사물과 상황에 대해 그 특징을 지적하는 것이다. 자신의 공부나 작업이 끝났다는 것을 교사에게 전달하거나, 엄마가 데리러 온 것을 손가락으로 가리켜 알리거나, 새로 산 모자를 상대에게 보이거나 혹은 이들 상황에 대해 말로 설명하려는 것이다.

'정보 제공'은 자기가 알고 있는데 상대가 아직 모를 것이라고 생각되는 것에 대해 알리는 것이다. 그 외에 상대가 알고 싶어 하는 것에 대해 그 질문에 대답하는 것이다.

'정보 청구'는 자기가 필요한 것을 알고 싶다고, 가르쳐 달라고 요구하는 의사 표시를 하는 것이다.

그 외 '감정과 공감의 표현' 등은 기분이 좋은지 나쁜지, 또는 대상을 좋아하는지 싫어하는지 신체적, 심리적 감상을 표현하거나 일상적인 인사로 머리를 숙이거나 손을 흔들거나 말을 이용해 전하는 것 등을 포함한다.

▲ 문맥과 의미적 범주, 언어

티치 프로그램에서는 의사소통의 차원으로 ①기능 ②문맥 ③의미적 범주 ④언어 ⑤형태라는 다섯 가지 차원을 중시하여 평가하고, 지도와 지원에 응용하고 있다.

'기능'에 관해서는 바로 앞에서 다루었고, '문맥'은 의사소통이 성립하는 경우의 상황에 관한 것이다. 누구와의 사이에서 어떤 관계, 상황의 경과 속에서 의사소통이 이루어지고 있는가 하는 것이다.

'의미적 범주(semantic category)'란, 의사소통에서 사용되는 표현의 의미에 관한 범주이다. 자신의 의사와 행위를 의미하는지, 상대나 다른 사람의 행위에 관해 말하고 있는지, 장소와 분위기 또는 사물에 관한 감상을 말하고 있는지 등 의미에 관한 분류를 문제로 삼는다.

　이 경우에 '언어'란 구어뿐만 아니라 문자, 그림, 몸짓 등 의사소통에 이용되는 모든 수단을 포함한다.

◢ 의사소통 방식

　티치가 의사소통에서 중요시하는 다섯 번째의 차원이 '형태'이다. '형태'란, 표현에 사용되는 '의사소통 방식(communication system)'으로, 의사소통의 방법과 양식을 가리킨다. 티치 프로그램에서는 그 수준을 다음의 7단계로 나누어 평가하고, 치료교육에 응용하고 있다.

1. 가장 미분화되고 낮은 수준에 있는 것은 울거나 소리 치거나 분노발작을 일으켜 패닉이라 일컬어지는 상태를 보이는 행태 등으로 요구를 표현하는 것이다. 이러한 의사 표시 방법은 바람직한 것은 아니므로 이렇게 되도록 가르쳐서는 안 된다.

2. 몸짓 등의 동작에 의한 표현이다. 상대방의 손을 끌어당겨 원하는 대상이 있는 곳으로 데려가거나, 요구할 대상이나 주의를 끌고 싶은 것을 손가락으로 가리켜 의사 표현을 한다. 손을 흔들어 작별 인사를 하거나 머리를 숙여 인사를 하는 것도 이 범주에 들어간다.

3. 사물을 이용해 의사 표현을 하는 수준이다. 주스가 마시고 싶을 때 컵을 내놓거나, 공원에 가고 싶다고 말하는 대신 구두를 가져오는 등의 표현법이다.

4. 그림을 이용한 의사소통이다. 자폐 아동은 시각 인지 기능이 우수하므로 티치 프로그램에서는 곧잘 그림, 사진, 지그 카드(자폐

인에게 정보를 시각적으로 전달하기 위해 카드에 그림과 지시가 일치하도록 그려 넣은 보조교재. 대표적인 것으로 그림과 문자 정보를 함께 한 장의 카드에 담아 앞으로 일어날 일을 예고하거나 지시할 때 이용하는 카드가 있다. – 옮긴이)를 사용해 의사 교환을 한다. 그러나 사진은 일반인에게는 시각적 정보로써 정확하고 사실적으로 여겨지지만, 자폐인들에게는 때로 지나치게 상세해서 영상의 세부에 주의를 빼앗겨 전체의 의미를 놓쳐버리고 혼란스러워하는 일도 있으므로 주의해야 한다. 오히려 개략적인 그림 쪽이 의미 전달에 더 나을 수도 있다.

5. 문자를 사용해 요구와 의사를 전달하는 단계가 있다. 자폐인들 가운데는 구어는 잘 익히지 못해도 문자를 읽거나 쓰는 것은 잘 할 수 있는 사람이 있기 때문에 그런 사람들과는 문자 카드를 이용한 의사소통을 연습하는 것이 좋다.

6. 수화를 이용한 의사소통이 있다. 그러나 많은 자폐인들은 수화의 추상성을 잘 이해하지 못하고 세계적으로도 별로 응용되지 않고 있다. 티치 프로그램에서도 어느 정도 시도와 성과는 있지만 그다지 적극적으로 도입하고 있지 않다.

7. 마지막으로는 구어에 의한 표현이다. 최고의 목표임은 말할 것도 없다.

◢ **의사소통의 평가 – 표출**

의사소통의 평가는 샘플을 얻는 것에서 시작한다. 샘플 수집만을 목적으로 하는 경우에는 2시간 정도 들여 관찰하는데, 그들이 표현하는 자발적 의사소통의 횟수가 50회를 넘을 때까지 의사소통 샘플(communication sample)을 얻어야 한다고 티치 스태프들은 말한다.

이어서 관찰된 의사소통 행동을 앞서 말했던 '차원'에 따라 평가하는데, 실용적으로는 ①기능 ②의미적 범주에 대해 평가한다.

다음 쪽에서 의사소통 샘플 기입표를 이용해서 티치 프로그램에 의한 의사소통 평가의 사례를 소개하겠다. 기입표 왼쪽의 '문맥'란에는 의사소통 행동이 관찰되었던 때의 '상황'을 기록한다. '급식에서 카레라이스를 봤을 때', '그네를 타려고 하는데 친구가 먼저 타고 있을 때', '우유팩을 보고' 등으로 기록해 두면 좋다.

'말과 행동'란에는 관찰된 말과 행동을 간결하게 메모해 둔다. '싫다고 말하며 도망친다', '울며 소리친다', '들고 있던 컵을 되돌려 놓는다'는 식으로 기록한다.

이어 말과 행동을 분석해서 '기능과 의미적 범주'란에 해당되는 항목에 체크하거나 기입한다. 의미적 범주에 대해서는 어디서(장소), 누구에게(사람), 무엇을(대상물), 어떻게(동작) 표현했는가를 관찰하여 기입한다.

이러한 정형적인 의사소통 샘플뿐만 아니라 가정과 같은 일상생활 공간에서 어떤 문맥과 상황에서, 누구에게 어떤 의사소통 행동을 했는지에 관한 비정형적인 평가를 위한 정보를 얻는 것도 중요하다. 지도 프로그램을 계획하여 실행하는 데에 유익하다.

◢ 의사소통의 평가 - 이해

언어와 의사소통의 기능 평가에는 앞서 말한 표출에 관한 부분과 함께, 이해에 관한 활동을 관찰하는 부분이 있다. 티치 프로그램

의사소통 샘플의 예

아동의 이름	OOO
실행일자	2008년 3월 18일
시작시간	9:10
종료시간	11:10

(OOO)

문맥	아동의 말과 행동	주의환기	거절거부	정보제공요구	정보제공	기타	어디에	누구에게	형태
1. 접시 위의 토스트를 보고	'빵'			V			식당	자신에게	S
2. 자판기 사진이 들어온 것을 보고	'엄마'			V			교실	자신에게	S
3. 우유 팩에 적힌 숫자를 보고	'6'			V			교실	자신에게	S
4. 우유 팩에 적힌 숫자를 보고	'20'			V			교실	자신에게	S
5. T '화장실은?', T의 팔을 붙잡고	'오줌'				V		화장실	T에게	S
6. 손을 씻고 수건을 집는다	'수건'			V			화장실	자신에게	S
7. 애니메이션 캐릭터를 보고	'개'			V			교실	자신에게	S
8. 점심 메뉴를 고를때, T '뭘 먹고 싶니'	'카레라이스'				V		교실	T에게	S
9. 의자에 앉을 때	'의자'			V			교실	자신에게	S
10. 간식 시간	과자에 손을 뻗는다			V			식당	T에게	G

* 새로운 의사소통 체계를 가르칠 때는 익숙한 문맥에서 이미 획득한 기능을 사용해 한 단계 위의 소통체계를 가르친다(즉, 한 단계 수준부에 변화시킬 수 없다).
T: 교사(처치도자), S: 구어, G: 몸짓, 동작

에서 스태프(주로 학교 교사) 연수 세미나에 사용되는 교재 일부를 다음에 소개한다. 의사소통에서 이해 기능을 평가하는 데 참고가 되길 바란다.

〈언어 이해에 관한 평가〉
파트 1. 비문맥적 상황
아동에게 다음 지시를 한 번에 한 가지씩 한다. 만일 아동이 지시에 따르지 못한다면 파트 2에서 그에 대응하는 지시를 한다. 세 가지 지시 각각에 대해 같은 과정을 되풀이한다.
①칫솔과 치약을 세면대에 둔다. 아동을 책상 앞에 앉히고 "이를 닦으세요"라고 지시한다.
②술래잡기 같은 게임을 실외에서 하고 있을 때 "냉장고에서 주스를 가져 오세요"라고 지시한다.
③놀이터에서 게임을 하고 있을 때 "손을 씻고 오세요"라고 지시한다.

파트 2. 문맥적 단서
앞서 제시한 어떤 상황에서도 아동이 지시에 따르지 못했다면 아동이 그 지시를 수행할 수 있을 때까지 한 번에 한 가지씩 문맥적 단서를 보태 준다. 문맥적 단서의 기본 타입은 다음과 같다.
①실물
②물리적 · 환경적 단서
③정해진 일과(루틴)
언어 이해에 있어서 정해진 일과는 중요한 실용적 의미를 갖는다.

문맥적 단서 외에도, 지시에 아동이 따를 수 있을지는 지시와 함께 사용되는 촉구(프롬프터)의 수준과도 관련이 있다. 가장 잘 사용되는 수준의 촉구로는 말 걸기, 몸짓, 수화, 그림, 예시 등이다. 모든 문맥적 단서를 줬는데도 아동이 지시에 따르지 않는 경우에는 말 걸기에서 시작해서 앞에 열거한 촉구를 순서대로 해 본다.

문맥적 단서와 촉구 없이 언어 이해에 관한 모든 활동을 쉽게 할 수 있을 정도로 기능 수준이 높은 아동에 대해서는 다음과 같은 시도를 해 본다.

아동과 짧은 대화(5~10분간)를 해 본다. (특히 사회적 의미로) 이상하거나 보통 아이들과 다른 미묘한 언어적 특징이 있는지 주의해서 본다.

주목할 부분은 예를 들면,

①속담 등 추상적 표현의 이해

②'고마워', '즐거워' 같은 사회적 표현을 극단적으로 많이 사용하거나 잘못된 사용법을 쓴다.

③다른 사람이 말을 걸면 반응하지 않거나 과민반응을 한다.

④말하는 도중에 화제를 갑자기 바꾼다.

⑤특이한 화제를 꺼낸다.

⑥그 외에 신경 쓰이는 점이 있으면 기록해 둔다.

이렇게 의사소통 샘플로 의사소통 기능을 평가해 보면 자폐 아동이나 청년의 진짜 이해력이 상상 이상으로 낮은 수준이라는 것과, 그들이 표현(혹은 요구)하고 싶어하는 마음, 즉 표출에 대한 잠재적 감정과 욕구를 상당히 무시하고 있었던 것을 깨닫게 된다. 특히 고기능 자폐인에 대해서는 과대평가를 하기 쉽다는 것을 알 수 있다.

실제 자폐 아동이나 청년 중에는 말을 하고 있기는 해도 스스로 그 말의 의미를 정확히 이해하지 못하고 있는 경우가 많다. 또 반대로 저기능 자폐인의 경우에는 그들의 요구 등을 놓치기 쉽고 과소평가하는 경우가 적지 않다는 것도 알 수 있다.

그 외에, 다음 단계의 지도를 고려할 때 의사소통 행동이 나오기 쉬운 상황이나 문맥에 관한 정보와 그들에게서 싹트기 시작한 기술을 발견하는 노력도 게을리해서는 안 된다. 싹트기 시작한 기술이 있다면, 문맥과 상황의 설정을 연구하거나 약간의 촉구를 하는 것만으로 자발적 의사소통이 가능하게 된다.

◢ 의사소통의 지도에 앞서

자폐 아동은 특히 발달 기능이 높지 않은 아이일수록 의사소통을 못한다기보다 의사소통의 의미나 의의를 이해 못 하는 경우가 많다. 그런 의미에서 똑같이 말을 못하는 청각장애 아동과는 의사소통 장애가 비교도 되지 않을 정도로 심각하다.

이런 문제에 대해 티치 부서의 스태프들이 지원해 온 고기능 자폐인의 증언은 우리에게 많은 시사를 준다.

고기능이고 아스퍼거 증후군으로 진단받고 노스캐롤라이나주의 어느 대학원에서 공부하고 있는 자폐 청년은 티치 부서 스태프의 질문에 대답하기를, 자신이 소년 시절에 별로 말을 하지 않았던 것은 말을 못해서가 아니라 왜 말을 하는지 이해를 못 했기 때문이었다고 생각한다고 했다.

또 다른 고기능 자폐 청년은 자신이 어릴 적에 왜 말을 하지 않았는지를 생각해 보고 다음과 같이 말했다고 한다. "그때 분명히 많은 단어를 알고 있었지만 나는 그저 말을 모으는 데 흥미가 있을 뿐이었어요. 그건 다른 아이들이 야구 카드를 모으는 것과 같은 것이었다고 생각해요." 게다가 말이 자신의 마음을 전달하는 것이라는 사실을 알게 된 것이 8세가 되고 나서라는 것을 똑똑히 기억한다고 했다.

내가 알고 있는 한 청년은 스무살 무렵까지는 단어 하나로만 의사 전달을 할 뿐이었지만 어느 시점에 이르러 불과 3개월 사이에 갑자기 풍부한 내용의 이야기를 가족에게 하기 시작해서 주위 사람들을 놀라게 했다. 그는 어릴 때 스모 경기 시즌이 되면 곧잘 "스모, 스모" 하고 말했다. 어머니와 가족들은 그가 스모를 좋아한다고 생각해서 텔레비전으로 스모 방송을 자주 보여 주었다. 그러나 최근 알게 된 사실은 당시 그가 스모 방송을 보는 게 괴로워서 스모는 싫다는 의미로 "스모, 스모" 하고 말했다는 것이다. 실황중계에서 관객과 아나운서가 흥분해서 지르는 소리나 환호성을 듣는 것이 매우 고통스러웠다고 한다.

최근 그가 말을 잘하게 되어 어머니는 자신이 육아나 교육을 위해 해 왔던 선의의 행동들이 아들의 마음을 상하게 하는 일투성이였던 것 같아 우울해진다고 했다. 그러나 비슷한 사례는 요즘 그리 드물지 않게 볼 수 있다. 고기능을 가진 청년들이 일찍이 우리가 상상조차 하지 못했던 것을 회고하여 이야기하게 되었다.

이런 사실로 봐서도, 자폐 아동에게는 단순히 말이나 단어의 의미를 가르치는 것만으로는 충분치 않고 무엇을 전할 것인가는 물론, 무엇을 위해 의사소통을 하는지를 확실히 가르치지 않으면 의사소통 기능 그 자체를 습득시킬 수 없다는 것을 이해할 수 있다. 전달하고 싶은 것을 상대에게 어떻게 전달할 것인가 하는 것과, 전달하고 싶은 것을 전달하면 상대로부터 반응이 돌아온다는 것을 명료하게 가르쳐야 한다.

그것을 위해서는 우선 의사소통을 하려고 하는 마음과 의욕을 키우는 것이 중요하며 그런 의지나 행동은 설령 언어 화용이 되지 않는 사람이라도 가르쳐서 향상시킬 수 있다.

또한 만일 자폐 아동의 의사소통 기능 수준이 미분화되어 낮고, 분노발작 행동으로만 요구나 거부의 의사 표시를 하는 경우, 그것을 야단치거나 멈추게 하려는 방법을 동원하면 그들의 의사소통 수단을 전부 빼앗게 된다는 점에도 주의를 기울여야 한다.

의사소통 행동의 지도에서도 금지 대신 '더 좋은 방법이 있다'는 것을 가르치는 것이 중요하다. 그들에게 보다 효과적인 의사소통 기술을 가능한 시각적 방법을 사용해서 가르치는 것이다.

일반적으로 저기능 자폐 아동에게는 능력에 맞게 즉시 또는 가까운 장래에 실제로 응용할 수 있는, 화용언어를 대신할 의사소통 방식을 가르치는 것이 바람직하고, 고기능 자폐아에게는 이미 습득한 의사소통 방식을 보다 사회적, 상호적, 유기적인 것으로 발전시키는 것이 중요하다.

최근 고기능이나 아스퍼거 증후군을 가진 사람들이 스스로의 마음을 책과 강연으로 들려주는 일이 많아졌다. 거기에서 배우게 되는 것은, 그들은 자신에 대해 잘 이해해 주는 상대가 아니면 그다지 무언가를 이야기하고 싶은 마음이 생기지 않는다는 것이다.

자폐 아동이나 청년에게서 '자발적' 의사소통 행동을 이끌어내는 것은 상대의 요청에 반응하게 하는 것보다도 훨씬 어려운 과제이기 때문에 그들을 지도하고 지원할 때는 그 내용과 방법에 대해 상세하게 검토하고 꼼꼼하게 연구해야 한다. 특히 일상에서 대하는 방법이나 지원 방법이 큰 의미를 지닌다. 이것은 고기능이든 아니든 관계없이 기본적인 사항이다.

◢ 의사소통 지도 방법

티치 프로그램에서는 자폐인으로 하여금 자신이 해야 할 의사소통 행동이 어떤 것인지 이해하기 쉽게 돕고, 새롭게 익힌 의사소통 기술을 다른 상황에서도 응용해서 쓸 수 있도록 다음 세 가지 방법을 자주 이용한다.구조화 기법에 의한 지도(제3장 참조), 우발적 상황의 지도, 의도적 환경을 이용한 지도가 그것이다.

'구조화에 의한 지도'에서는 다음 사항을 배려해야 한다. 우선 새로운 의사소통 기술을 지도할 경우, 연습 상황에서는 같은 유형의 요청에 대해서는 같은 방식으로 응답하도록 집중해서 가르친다.

또 새로운 기술을 익힐 때는 한 가지 상황에서 한 가지 기술만 배우도록 한다. 예를 들면 놀이 공간에서 장난감을 요구하기 위한 그림 카드의 제시와 몸짓의 사용법을 가르칠 때, 그것을 응용해서 작업 공간에서 작업 재료를 요구할 때도 쓰는 표현이라는 식으로는 가르치지 않는다. 의사소통 기능이 낮은 자폐 아동은 장소와 대상물 두 가지가 한꺼번에 달라지면 요구 표현법이 같더라도 크게 혼란을 일으켜 의사소통 기술을 익히는 것이 더 어려워지는 경우가 많기 때문이다.

다음에 서술하듯이, 티치 프로그램에서 곧잘 실시하는 그림 카드에 의한 학습도 새로운 단어뿐만 아니라 의미상 범주, 기능, 문맥 등과 관련해서도 모두 새로운 기술을 배워야 하기 때문에 자폐 아동에 따라서는 처음부터 매우 복잡한 학습이 되는 만큼 적절하게 지도하지 못하면 큰 혼란을 초래하기도 한다.

일반적으로 기능이 높지 않은 아이들에게는 일상적으로 많이 사용하는 물건이나 실용적이고 구체적인 활동을 이용해 지도하는 것이 효과적이다.

그런 방법을 구조화된 상황에 적용하는데, 그러기 위해서는 자폐 아동과 청년에게 의사소통을 하려는 동기가 자연스럽게 솟아나게끔 상황을 만드는 것이 중요하다. 예를 들면 티치 프로그램에서는 유아기 초기의 치료교육에서도 간식 시간을 이용하여 간식을 먹고 싶다는 요구 표현을 실제로 의미 있는 문맥 속에서 가르치고 있다.

아직 3~4세 유아인 그들은 실물, 그림 카드, 손가락으로 가리키기, 말 등 각자의 기능 체계를 사용하여 간식 테이블에 놓인 여러 종류의 과자와 주스를 자발적으로 선택, 요구함으로써 자신이 좋아하는 음식과 음료를 원하는 만큼 되풀이해서 제공받으며 간식 시간을 즐긴다.

내가 아는 한, 일본의 자폐인들이 자발적으로 활발한 의사소통 활동을 하는 것은 물론이고 자신의 생활을 스스로 선택해서 꾸려 나가는 경우는 많지 않다. 그들 대부분은 말하자면 주어진 삶을 어쩔 수 없이 살아가는 셈이다. 그들이 주위 사람들에게 자기 의사를 제대로 소통해 전달할 수 없다는 것과, 다양한 활동 가운데 자기가 좋아하는 것을 선택할 기능을 양육자나 교육자가 키워 주지 못했던 것이 중요한 원인이라고 생각한다. 고집, 집착, 패턴화 등으로 불리는 그들의 일상생활 행동은 그것을 전형적으로 나타내고 있는 게 아닐까.

한편 '우발적 상황의 지도'는 일상적으로 일어나는 일들 속에서 의사소통을 지도하는 것이다. 아버지가 차에 태우고 드라이브해 줬으면 해서 "차 키를 꺼내 줘" 하고 조르며 요구하거나, 엄마에게 목욕하자고 하기 위해 "목욕 수건을 줘"라는 요구 표현을 하도록 촉진하는 것이 그 예이다.

이런 지도법은 일상적이고 자연스러운 상황에서 실용적인 소통 기술을 습득시킬 수 있다는 장점이 있지만, 우발적인 상황이므로 기회가 매우 한정되어 있다. 따라서 가르칠 수 있는 상황의 횟수가 적다는 단점이 있다.

그렇기 때문에 이런 기회를 계획적으로 만들어서 '의도적 환경에서 지도'를 하는 방법이 있다. 일부러 필요한 물건을 숨겨 두고 그 물건을 "주세요" 하고 요구하도록 의사소통 지도를 하는 방법이다.

◢ 자발적인 의사소통의 지도

의사소통 기술을 지도하는 데 가장 중요한 관점은 우선 자폐인이 의사소통을 할 상대에게 깊은 신뢰의 마음을 갖는 것이다. 그런 다음에 자폐인들이 습득한 기술을 실제 일상생활에서 자발적으로 응용하고 그 결과에 기쁨을 느끼게 하는 것이다. 자발적 의사소통을 즐길 수 있게 하기 위해서는 지도 과정에서 서서히 돌봄과 도움의 손길을 줄여 가는 것이 중요하다. 그를 위해 티치 프로그램에서는 원칙적으로 다음 8단계를 설정하여 응용하고 있다.

1. 신체적 촉구

    몸짓 등의 표현 방법을 가르치기 위해, 필요한 동작을 전면적으로 도움으로써 표현 활동이 가능해지도록 한다. 또한 습득한 동작 기술을 사용할 수 있도록 신체 일부에 손을 대거나 맨 처음 행동만 도와준다.

2. 예시

    가르치려는 의사소통 기술을 그대로 해 보인다. '주세요'나 '잘 가'의 동작을 실제로 해 보이거나 문 앞에서 "열어주세요"라고 말해서 들려주는 방법이다.

3. 부분적 예시

    지도하려는 의사소통 기술의 첫 부분만 보여 주어 자폐 아동이 그것을 자발적으로 실행하기 위한 계기를 만든다.

4. 시각적 단서

    사물이나 사람을 손가락으로 가리키거나 그림과 문자를 보여 주어 목표로 하는 기술을 이끌어 내는 방법이다.

5 질문에 의한 단서, 또는 직접적 지시

    "뭘 줄까?" 하고 질문하거나 "컵을 정리하세요" 등으로 지시하여 기대하는 기술의 표현을 촉구하는 방법이다.

6. 힌트

    어떤 의사소통이 필요하다는 것을 언어, 동작, 그림 카드 등을 사용해 간접적으로 알리는 방법이다. 예를 들면 장난감을 요구할 시점임을 눈치채게 하기 위해 "다음은 놀이시간이에요" 하고 말을 건다든지, 그것을 나타내는 그림 카드를 보이는 방법이다.

7. 신체적 접근과 응시

자연스러운 의사소통을 하기 위해서는 상대를 응시할 필요가 있다. 자폐 아동에게 다가가 바라봄으로써 의사소통 필요를 깨닫게 하는 방법이다.

8. 단서 없는 자연스러운 상황

1과 같은 직접적 촉구에서 시작하여 서서히 단서를 줄여 가면서 마지막에는 일상의 자연스러운 상황 속에서 단서 없이 새로 습득한 소통 기술을 사용하도록 한다.

◢ 의사소통 방식의 지도 사례

티치 프로그램이 구조화 개념을 이용하여 지도할 때 자폐인들의 의사소통 수준에 맞춘 의사소통 방식을 가르침으로써 많은 성과를 올리고 있다. 노스캐롤라이나의 자폐인들은 각자의 기능 수준에 맞는 의사소통 기술을 익히면서 가정, 학교, 그룹홈, 지역사회에서 의사소통을 하며 생활을 꾸려 가고 있다.

구체적 지도 방법은 아래와 같다.

1. 실물을 이용한 방식

간식 시간에 과자를 먹고 싶을 때는 '접시'를, 주스를 마시고 싶을 때는 '컵'을 내놓도록 가르친다. 또 화장실로 유도하거나 배변 훈련 시간임을 알릴 때 아동에게 화장실 휴지를 보여 이해를 촉구하는 방법이다.

2. 그림 카드에 의한 방식

일상적으로 자주 표현하는 생각과 말을 '그림 카드'로 만들어 놓고, 요구하거나 의사 표현을 하고 싶을 때 그 내용을 의미하는 그림 카드를 보이는 방법이다. 사진을 이용하는 것도 가능하다.

먹는다   안 먹는다

● 문자도 병용한 그림 카드의 예

3. 두 가지 수준을 조합한 방식

그림이나 사진과 문자를 한 장의 카드에 넣어 이용하는 방법이다. 예를 들면, '컵 그림' 밑에 '주스'라는 문자를 써넣어 이용한다.

4. 팩스(PECS, Picture Exchange Communication System)에 의한 방식

팩스는 자폐 아동의 시각 우위 특성에 맞춰 그림 카드를 교환하는 방법으로 의사소통 기능 발달을 추구하는 것이다. 본디(Bondy.A)와 프로스트(Frost.L)에 의해 개발되어 2001년에 공표되었다. 종래의 언어요법과 달리, 응답을 통해 배우는 것이 아니라 처음부터 자발적, 기능적 의사소통 습득을 목표로 한다. 실천적, 임상적으로 성과가 확인되어 있다.

5. VOCA에 의한 방식

VOCA(Voice Output Communication Aid)는 언어나 의사소통 기능의 발달에 장애가 있는 아동에게 그림이나 문자와 음성을 조합해 사용할 수 있는 휴대용 기기로, 상대와 의사소통을 쉽게 할 수 있도록 도움을 주거나 지도하는 것이다. 음성을 출력할 수 있다는 점이 큰 특징이다.

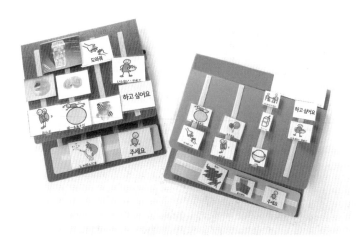

● 팩스의 의사소통 예. 말로 의사표현 하는 것이 힘든 아동이 그림이나 사진을 집어 상대에게 건네 자발적으로 요구와 요청을 전달한다. 아동에 따라서는 한 장의 카드를 제시하는 단계부터 시작하여, 서서히 3,4장을 조합해 의사를 전달할 수 있게 된다.

● VOCA 기기의 예. 카드를 누르면 적혀 있는 말이 음성으로 출력된다.

시각적 지원과 음성을 합쳐 사용할 수 있기 때문에 음성언어에 약한 자폐 아동에게 활용할 경우 새로운 발달을 촉진시킬 수 있다. 가가와(香川) 대학 교육학부 사카이 사토시(坂井 聡) 교수가 그 선구자 중 한 사람이다.

6. 문자 카드 방식

그림 카드와 같은 발상이다. 그림이나 사진 대신 글자가 적힌 카드를 사용하는 것으로 일종의 필담이다.

7. 2단계 방식

카드가 너무 많아지고 화용언어가 잘 발달하지 못하는 등의 경우에는 카드를 찾는 데 지나치게 시간이 걸린다는 불편함이 생겨난다. 그런 경우에는 단계를 두 가지로 나누어 의사 표현을 하도록 지도하는 것도 좋은 방법이다.

예를 들면, 자폐 아동에게 교실에서 '놀고 싶어요'라는 의사 표시 카드를 선택하게 하고, 이어서 놀이 공간에 가서 놀이의 종류(그네라든가 게임)의 카드를 선택하도록 지도한다. 이런 방법을 사용하면 많은 카드를 전부 가지고 다닐 필요가 없어지고, 선택 자체도 효율적이 된다. 티치 프로그램을 채택한 학교에서는 흔히 볼 수 있는 광경이다.

◆ TEACCH ◆

학습지도 방법과 구조화의 개념

TREATMENT AND EDUCATION OF AUTISTIC AND RELATED COMMUNICATION-HANDICAPPED CHILDREN

3 장

학습지도 방법과 구조화의 개념

한 사람 한 사람의 기능에 맞춰

◢ 치료교육의 관점

자폐 아동에 대한 치료 및 교육 목표는 다른 장애나 질환처럼 1차적 장애 그 자체를 치료하고 극복하는 것에 주안점을 두는 것이 아니라 장애나 특성을 가진 채로 건강하고 행복하게 살아갈 수 있도록 교육과 생활 환경을 조정하는 것에 역점을 둔다.

오늘날 1차적 장애는 '발달장애'로 이해되므로 발달을 지원해야 하지만 더욱 중시되는 것은 안정된 적응을 지원하는 것이다. 게다가 발달장애의 배경에 인지, 표상, 개념 등 이른바 중추신경계의 고차원 기능의 장애가 중요시되고 있으므로 적응을 위한 지원은 그런 기능의 발달장애를 고려한 환경 만들기라고 할 수 있다.

이 분야에서는 도쿄 대학 병원 소아정신과와 도쿄가쿠게이(東京学芸) 대학에서 임상 및 연구에 종사해 온 오타 마사타카(太田昌孝) 그룹이 오랜 세월에 걸쳐 많은 업적을 남겼다. 장애의 가장 기본적인 지점으로 다가가는 임상적 도전이어서 예전에는 성과를 내기 매우 어려웠던 치료 작업이었던 만큼 그들의 치료교육 성과는 높이 평가되고 있다.

또한 오늘날에도 중요한 치료교육 분야는 종래의 양교육(養教育, 일본의 의학자이며 관료였던 호시노 데쓰오가 1931년 위생문화사상보급회를 통해 주장한 교육사상이다. 호시노에 따르면 양교육이란, 신체의 발육을 순조롭게 하는 양육과 정신지능의 발달을 유도하는 교육 양자를 가리키는 것으로, 주로 가정에서 이루어져야 할 양육과 교육을 다룬다. 양교육의 목표는 심신이 건강하여 독립적으로 생활할 수 있고 사회에 도움이 되는 사람을 길러 내는 것이라고 한다. – 옮긴이)적 대응이나 환경의 미비 혹은 잘못된 대응에 대한 반응으로 생겨난 2차적 정서장애를 경감하거나 해소시키기 위한 지원이다.

끝으로 1차 장애와 2차 장애를 가지고 있음에도 가능한 자립적으로 생활할 수 있도록 여러 기능과 능력 발휘를 지원하는 한편, 실제 생활에 쓸 수 있는 지적, 감각적, 운동적 기능과 생활 능력을 익힐 수 있도록 교육적, 치료적 지원을 하는 것이다. 즉 생활 재활 훈련 지원이다.

◢ 구조화의 개념

구조화는 의미, 개념, 표상, 인지 등의 기능에 중대한 장애가 있는 자폐 아동에게 치료교육적 지원을 할 때 그들이 생활환경이나 학습 환경의 의미를 이해하고, 무엇을 해야 하는지를 알기 쉽게 하기 위해 고안한 것이다. 생활 및 학습 환경과 일정표 등을 시각적으로 구조화(visual structuring)하는 방법이 세계 각지에서 실시되어 성과가 확인되고 있다. 즉 구조화란 자폐 아동에게 주위에서 무엇이 일어나고 있는지, 그리고 그들 한 사람 한 사람이 각자의 기능에 맞춰 무엇을 하면 좋을지 알기 쉽게 제시하는 방법이다.

구조화 개념과 교육 실천에 내가 처음으로 접한 것은 1973년 러터(Michael Rutter)와 바르탁(Lawrence Bartak)의 보고를 통해서였다. 그들은 런던에서 행해진 여러 유형의 학교 교육 성과를 상세히 고찰하여, 구조화 방법에 의한 학습지도는 '주어진 과제에 대한 집중도'를 결정적으로 높여 말하기, 글을 정확하게 읽기, 읽고 이해하기, 계산하기 등에서 다른 교육법에 비해 확연히 뛰어난 성과를 올리고 있다고 확인했다.

그보다 이전인 1971년에 미국 노스캐롤라이나주의 티치 프로그램 창시자 쇼플러 교수는 구조화된 상황(structured setting)에서의 치료교육이 저기능 자폐아에게 특히 유익하다고 설명했는데, 앞장에서 서술했듯이 내가 실제로 그곳을 방문해서 처음으로 그 실태를 체험하고 큰 성과에 감동한 것은 그보다 10년쯤 후인 1982년 여름이다.

요즘에 와서 고기능 자폐인이나 아스퍼거 증후군인 사람에게도 시각적 정보 제공이 의미가 있다는 것이 다양하게 확인되고 있다.

◢ 물리적 구조화

생활과 학습 환경을 구조화한다는 개념에는 우선 상황의 '물리적 구조화'가 있다. 집 안이나 학교 교실의 공간 배치에 가구, 칸막이, 카펫 등을 신경 써서 활용함으로써 아동이 각 장소나 상황의 의미를 시각적으로 이해하기 쉽게 돕는 것이다.

자폐 아동의 발달장애 정도가 중증일수록 칸막이, 뒷면이 뚫려 있는 양면 선반, 그 외 크고 작은 가구를 이용하여 공간을 가리거나 구획 나누기를 명확하게 하여 과도한 시각 자극을 차단한다. 그렇게 각각의 장소와 활동이 1대1 대응을 하도록 하고, 하나의 장소를 다목적으로 사용하지 않도록 하면 그들은 각각의 장소와 상황에서 무엇을 하면 되는지 시각적으로 이해하기 쉬워진다.

교실에서 같은 자리에 앉아 과제 학습에 집중하거나 휴식을 위한 자유 시간을 보내거나 하는 등 같은 장소를 다목적으로 사용하면 중증 자폐아일수록 무엇을 해야 하는지 이해할 수 없게 되어 혼란스러워하고 극심한 불안에 휩싸이는 경우가 많다.

자폐 아동에게 좋아하는 것을 마음대로 해도 된다고 지시하면 도대체 무엇을 언제까지 하면 되는지 알 수 없는 불확실한 상태로 있는 것에 불안과 초조함을 느끼게 된다.

그러므로 평소 시간과 상황, 전후 관계가 특별히 계획되어 있지 않은 비구조적 환경에 오래 놓여 있는 자폐 아동일수록 이상행동이라 지칭되는 부적응 행동이 많다.

자폐 아동을 위한 교실에는 학습과 작업 과제에 집중하기 위한 장소(작업 공간, work area)와 놀이나 휴식을 위해 지낼 장소(놀이 공간, play area) 등을 구별하여 설정해 두어야 한다. 그곳에는 일반적으로 그들의 뛰어난 능력인 시각 기능으로 쉽게 이해할 수 있도록 여러 가지 크고 작은 도구들, 색이 다른 카펫 등을 이용해 명료한 구획과 경계선을 둔다. 쉽게 식별하고 이해할 수 있도록 하기 위해서이다. 즉, 그들이 하루를 지내는 데 필요한 모든 장소를 눈으로 보고 알 수 있도록 물리적으로 구조화해 설치하면 매우 안정되어 적응하고 학습할 수 있게 된다.

● 위의 사진은 자폐 아동만으로 편성된 학급의 교실로, 개별 학습 공간이 설정되어 있다.
아래 사진은 같은 학교의 다운증후군 아동을 중심으로 한 학급 교실이다. 대조적인 모습에서도 자폐 아동에게는 구조화가 유효하다는 것을 이해할 수 있다.

● 공부할 때의 책상 위치를 나타내는 바닥의 컬러 테이프. 예를 들면 공작 시간은 흰 테이프의 위치로 책상을 옮기는 등 그 시간에 어떻게 움직이면 되는지 시각적으로 표현되어 있다.

● 조회 시간의 화이트보드와 의자. 어느 의자에 앉으면 되는지 알 수 있도록 의자와 그 아래에는 아동의 사진이, 그리고 설 자리에는 발 모양, 바닥에는 의자의 위치를 나타내는 컬러 테이프가 붙여져 있다.

실제로 구조화를 적극적으로 실천하고 있는 일본의 학교 교실 사례를 이 책의 첫머리에 컬러 그림과 사진으로 소개하였으니 참고하기 바란다.

◢ 교사의 책상과 아동의 책상

우선 교사의 책상을 둘 장소를 보자. 교실 전체, 학생 전원의 모습이 한눈에 들어올 수 있는 위치에 배치해야 한다. 또 아동이 교실에서 뛰쳐나갈 가능성도 생각해서 출입구 가까이에 두는 것이 보편적이다.

다음으로, 작업 공간에 개별 아동의 학습용 책상을 개성과 기능에 맞게 다양한 형태로 배치한다. 주위의 급우에게 주의를 빼앗기거나 방해받아 자신의 학습 과제에 집중하지 못하는 아동에게는 교실의 구석자리를 주거나, 친구들에게 등을 돌리고 벽을 향해 앉게 하거나, 칸막이를 이용해서 불필요한 시각적 자극을 줄이는 것이 좋다. 폭력적 아동에게 공격받기 쉬운 아동이 있는 경우에는 두 사람의 자리를 가능한 한 멀리 떨어뜨려 배치한다.

그러나 고기능이고 급우가 언제나 보이는 장소에서 옆에 앉거나 마주보며 학습할 수 있게 된 아이들에게는 그다지 특별한 물리적 구조화의 설정이 필요치 않다. 따라서 보통의 자리 배치로 괜찮고, 원탁을 둘러싸고 공부하는 형태의 배치도 좋을 것이다.(101쪽 사진 참조).

요약하자면 작업 공간에 관한 물리적 구조화의 개념은 자폐 아동이 각각 자신의 책상을 확인할 수 있고 자기가 해야 할 학습 과제에 안심하고 집중해서 몰두할 수 있도록 학습 장소를 개별적으로 배치하는 것이다.

◢ 놀이 공간

작업 공간에 이어 빼놓을 수 없는 장소가 놀이 공간(혹은 휴식 공간, break area)이다. 즉, 휴식, 놀이, 자유 시간을 위한 장소에 카펫을 깔거나 가구나 칸막이 등을 두어 작업 공간과 마찬가지로 눈으로 봐서 분명히 놀이 공간이라고 알 수 있도록 설치하는 것이다.

● 놀이 공간의 예(초등학교 특수학급). 그림책, 조립식 블록, 퍼실리테이션 볼(짐볼과 비슷한 형태로, 공기량을 조절해 부드럽게 만든 공이다. 재활 치료에서 몸을 이완시키거나 감각 운동기능 향상 등을 위해 사용되며 이런 요법을 FBMFacilitation Ball Method이라 한다. FBM은 일본의 다니구치 준코가 창안하여 1988년 제16회 세계 재활회의에서 발표했다. – 옮긴이) 외에 소파를 두어 쉴 수 있도록 고안했다.

교실 전체에 별 생각 없이 책상과 의자를 늘어놓고, 교실 전부를 학습에도 쓰고 놀이에도 사용하는 수업이나 지도는 대부분의 자폐 아동에게 절대 금물이다. 같은 장소를 다목적으로 이용하는 것은 과제를 비롯하여 시간, 장소, 일정표 등의 의미를 잘 이해할 수 있게 된 고기능 자폐아가 아니라면 많은 경우 큰 혼란을 초래하게 된다. 놀이 공간은 작업 공간과 명확하게 구별할 수 있는 물리적 구조를 갖게 하여 휴식과 놀이만을 위해 꾸며야 한다.

또한 교사나 지도자는 가족에게서 미리 듣거나 평소 관찰을 통해 아동 한 사람 한 사람이 가장 좋아하는 놀이 방법과 놀이 도구 등에 대해 가능한 한 풍부한 정보를 수집해 놓도록 한다. 놀이 공간 배치에서는 준비할 장난감과 놀이 도구를 포함하여 그런 정보를 잘 활용해야 한다.

나아가 놀이나 자유 시간을 보내는 방법에 대해서도 아동의 개성과 기능 수준에 맞게 확고한 지도적 지원을 한다. 그렇지 않으면 그들 대부분은 변화나 발전 없는 상동적이고 비창조적인 활동에 오랜 세월 머물러 있기 쉽다.

◢ 일정표

자폐 아동의 불안이나 혼란을 없애고, 매일의 학습이 원만하게 진행되도록 하기 위한 구조화 방안으로 하루의 일정표를 만들어서 반드시 일정을 예고하는 것이 매우 유용하다. 이것은 아동의 정서를 안정시켜 학습 성과를 높여 준다.

예기치 못한 일에 직면했을 때 자폐인만큼 공포나 곤혹스러움을 나타내는 이들이 없다. 때문에 자폐 아동들의 책상 위나 사물함의 문, 또는 교실 내 지정된 게시 장소에 학생 한 사람 한 사람을 위한 그날의 활동을 게시해 두는 것이 좋다.

● 왼쪽 사진은 문자, 삽화, 실물을 이용한 일정표. 각각의 일정은 붙였다 뗄 수 있는 테이프로 붙여 놓는데, 그 전날 교사가 준비해 둔다. 이 일정표를 사용하는 아동은 테니스 볼을 '체육관에 간다'는 의미로 사용하고 있다. 오른쪽 사진에서는 체육관 입구에 그 테니스 볼을 넣는 상자가 마련되어 있다(왼쪽 사진의 일정표에서 아동이 스스로 테니스 볼을 떼어내 체육관으로 가지고 가서 오른쪽 사진의 상자에 넣고 체육관 안으로 들어가는 것이다. – 옮긴이).

  문자나 말을 이해하지 못하고 발달 수준이 낮은 단계에 머물고 있는 아동을 위해서는 하루의 학습이나 기타 활동 프로그램을 각각의 그림(또는 그림과 글자)으로 나타낸 카드를 준비해서 일정표가 진행되는 순서대로 위에서 아래로, 혹은 왼쪽에서 오른쪽으로 나열하고 클립으로 고정시켜 둔다. 아동들은 각자 자신의 능력에 맞춰 게시되어 있는 그림이나 글자에 의한 시간표 카드(일정표)에서 한 장을 떼어서 확인하고, 다음 과제나 활동을 할 장소(물리적으로 구조화되어 있는 장소)로 이동하여 그 활동에 들어간다.

● 삽화, 문자를 사용한 개별 일정표의 예. 개개인에 맞춰 일정표를 만드는 방법도 저마다 다르다.

학습 과제를 해야 하는 일정표 카드를 집으면 작업 공간의 자기 책상으로 가면 된다. 그 책상 위에 일정표와 같은 그림이나 문자 카드를 눈에 띄기 쉬운 곳에 붙여 놓아 가지고 있는 카드와 맞출 수 있게 해 두면, 과제나 활동을 해야 할 장소에서 안심하고 시작할 수 있다.

마찬가지로 아동이 놀이나 간식 카드를 집었을 때는 각각의 목적을 위해 준비된 장소로 가서 지시된 활동을 하게 된다.

이렇게 일정표를 게시할 때, 시계를 볼 줄 알고 시간 개념이 있는 아동의 경우에는 시각을 같이 적은 시간표를 예고로써 게시한다.

시각의 의미나 시간 개념을 이해하는 것이 늦된 아동에게는 카

드의 크기로 각각의 과제나 활동에 배정된 시간을 나타내는 것도
좋다. 우선 15분 정도에 해당하는 일정표 카드의 크기를 정해 놓고
그것을 기준으로 두 배 크기의 카드를 제시하면 30분 정도의 활동
을 하게 되는 것이고, 세 배 크기라면 45분간이 되는 것이다.

자폐 아동은 예정이 설정되지 않은 상황에서 계속해서 지시나
명령을 받거나 자유 시간이 너무 많이 주어지면 강한 불안을 느끼
기 쉽다. 또한 예기치 못한 상황에 맞닥뜨리면 극심한 혼란에 빠지
기 쉽다. 따라서 생활 계획의 예고를 가정생활에서도 잘 고안해서
제시해 주면 그만큼 안정된 생활을 할 수 있다.

같은 개념의 응용으로, 생활 일정을 미리 알 수 있도록 일상생활
의 일과나 습관을 확실하게 세운다. 아동이 하루의 흐름과, 당면한
시간과 장소의 구체적 활동에 익숙해져서 생활할 수 있도록 평소
부터 유의하여 지도하면 일정표로 예고하는 것과 같은 의미가 있
으므로 매일의 생활을 안정시켜 준다.

◢ 전환 공간

교실 지도에 관한 구조화 개념 가운데 전환 공간(transition area)
을 설치하는 물리적 구조화 방법도 예기치 못한 상황에 직면하거
나 무엇을 해야 좋을지 몰라서 불안과 혼란을 나타내는 자폐 아동
에게는 유익하다.

이 방법은 학습이나 작업을 위한 하나의 환경에서 다른 장소로
이동할 때 특히 현저한 혼란과 어려움을 나타내는 아동에 대해 사
용되는 개념으로, 한 가지 과제나 활동이 끝날 때마다 와서 다음 일
정을 확인하는 장소이다.

　전환 공간에는 개별 아동용 테이블과 의자가 놓여 있다. 예를 들어 자유 시간이 끝나고 다음 과제 학습으로 이동할 경우, 한 번 전환 공간에 와서 자기 책상에 제시된 다음 학습과 활동 내용을 확인하고 나서 작업 공간의 자기 책상으로 가도록 한다.

　그 밖에 그룹 활동이나 점심 식사가 끝났을 때도 일단 전환 공간에 돌아온 다음에 개별 학습 장소나 놀이 공간으로 이동한다. 혹은 아동이 혼란 상태로 교실을 뛰어다니고 진정하지 못하는 경우에도 한 차례 전환 공간으로 데리고 와서 새로운 일정을 확인시키고 지도를 재개하는 방법도 있다.

● 위의 사진은 초등학교 입학 시기의 교실 모습이다. 주위의 아동이 보이지 않도록 개별 과제용 공간이 마련되어 있다. 아래 사진은 2학년이 되었을 때의 교실 모습으로, 철저하게 주위를 차단하지 않아도 차분하게 공부할 수 있게 되었다. 아동의 상태에 따라 구조화 정도도 변화한다.

◢ 구조화 요점 정리

교실을 시각적, 물리적으로 구조화할 때 중요한 점을 구체적으로 정리하여 보면 다음과 같다.

1. 환경의 의미를 시각적으로 이해할 수 있도록 배치한다.
2. 동일한 장소를 다목적으로 사용하지 않도록 한다. 예를 들면 학습이나 작업을 하는 장소에서는 놀지 않는다. 식사를 하는 장소에서는 놀거나 공부하지 않는다.
3. 저기능 아동에게는 고도의 구조화가 필요하다. 다수의 가림막, 칸막이, 색깔 구분이 되어 있는 카펫 등을 이용한다.
4. 거울이나 창문 가까이에는 작업 공간을 두지 않는다. 거울에 비치는 것이나 문 밖에서 오는 자극이 학습에 집중하는 데 방해되기 때문이다.
5. 교사의 책상은 교실 전체의 모습이 한눈에 잘 들어오는 곳에 둔다.
6. 출입문 관리를 잘 한다.

다음으로 아동이 학습 과제에 집중할 수 있도록 기본적으로 충족시켜야 하는 작업 공간의 조건은 다음과 같다.

1. 개별 학습 장소와 그룹 활동 장소를 마련한다.
2. 학습 장소는 가장 집중하기 쉬운 곳을 선택한다.
3. 아동이 해당 장소가 학습을 위한 장소라는 것을 이해할 수 있도록 표시를 해 둔다.
4. 언제나 같은 장소를 유지한다.

5. 교재는 작업 공간 내 한 군데에 모아 두도록 한다.

6. 아동이 완성한 학습 결과(물건, 노트, 작품 등)를 둘 공간을 확보한다.

7. 아동이 사용하는 교재는 꺼내기 쉽게 해 둔다. 또한 아동이 이해할 수 있도록 표시(라벨이나 문자)를 교재에 붙여 둔다.

일정표의 구조화에 대해 기본적 요건을 정리하면 다음과 같다.

1. 어떤 활동이나 과제가 있고, 어떤 순서로 되어 있는지를 개개인의 기능과 능력에 맞춰 이해할 수 있도록 시각적으로 제시한다.

2. 글자, 그림 카드, 사진, 실물 등을 사용하여 제시한다.

3. 한 번에 몇 시간의 분량을 제시할지 고려한다. 반나절 분량으로 두 번에 나눌지, 하루 분을 전부 제시할지를 생각한다. 또한 주간 일정표를 이해할 수 있는 아동에게는 그것도 제시하면 좋다.

◢ 의사소통 샘플

자폐 아동은 환경이나 정보의 의미를 이해하는 기능에 커다란 취약점을 갖고 있다. 대체로 그들은 주위 세계를 다른 일반인들처럼 보거나 느끼지 않는다. 그러므로 그들의 지각과 해석의 방법을 상세히 이해하여, 환경으로부터 오는 자극이나 치료교육자가 제시하는 정보 등이 의미하는 바와 그들이 받아들여 이해하는 것 사이의 틈을 정성껏 메우는 작업이 치료교육의 전제가 된다.

이 전제 작업의 하나로 의사소통 샘플을 얻는 방법이 있다. 티치 프로그램의 스태프 훈련에서도 자주 실시되는 연수 과제로, 스태프와 아동 사이에 의미를 서로 나눌 수 있는 소통의 기능, 수준, 방법, 수단 등을 확인하는 작업이다(80쪽 참조).

구체적으로는 아동이 스태프 쪽에 전하고자 하는 내용과 그 방법, 그리고 스태프가 그들에게 무언가를 전하려고 할 때 어떤 내용을 어떤 식으로 고안해서 제시해야만 그 의도나 의미를 정확히 전달할 수 있는지에 관해 확인한 범위의 예를 기록하는 것이다.

81쪽에서는 아동에게서 자발적으로 나온 의사소통 샘플 기록의 일례를 나타내고 있는데 각각 의사소통의 기능, 문맥, 형태로 분류해 정리하는 것도 지도 계획을 세우는 데 중요하다.

이러한 작업을 실시해 보면 일반적으로 자폐 아동은 자발적 의사소통이 적고 흔히 아주 부자연스러운 방법으로밖에 자신의 의사나 욕구를 표현할 수 없다는 것, 그리고 들은 말에 관한 그들의 이해 능력이 샘플 작업 전에 상상했던 것보다 훨씬 낮다는 것을 알 수 있다.

또한 저기능 자폐 아동의 경우에는 그들이 전하고 싶어 했던 것을 상대가 놓치기 쉽다는 것도 다시금 새롭게 알 수 있다. 대부분의 경우, 아동들이 전달하고 싶어 하는 것이 별로 없을 거라고 과소평가하고, 스태프가 전달하고 싶은 것에 대해서는 상대가 이해하고 있을 것이라고 과대평가했던 잘못을 깨닫게 된다.

예전에 자폐 아동에 대한 치료교육이 종종 극단적인 어려움을 겪었던 원인의 대부분은 이 의사소통에 관한 몰이해와 오해였다고 생각된다. 그런 의미에서도 의사소통 수준이나 소통 방식을 확인하지 않고 치료교육을 실시하는 것은 무모하다. 의사, 욕구 등의 정보를 정확히 서로 교환할 수 없다면 치료교육자가 조바심을 내게 될 뿐 아니라 아동의 불안, 긴장, 혼란을 일으켜 치료교육의 효과는 결코 기대할 수 없다.

◢ 작업 시스템

이렇게 의사소통을 위한 구체적 기능의 수준과 양식을 확인한 후에 의사소통이 가능한 방법으로 실제 지도할 내용을 아동의 이해력에 맞춰 환경, 일정표, 교재 등 구조화의 절차를 거쳐 지시한다. 앞서 환경 공간의 물리적 구조화와 시간에 관한 구조화라 할 수 있는 일정표에 관해 설명했는데, 여기서는 나아가 작업 시스템과 과제 편성에 대해 서술하겠다.

이 두 개의 구조화 개념 가운데 특히 작업 시스템이라 불리는 방법은 교사나 지도자가 늘 아이 옆에 붙어서 지시나 지도를 하지 않아도 과제의 의미, 순서, 양 등을 이해하여 혼자서 자립적으로 일련의 학습이나 작업 등의 활동을 할 수 있도록 하기 위한 것이다.

아동에게 작업 공간에서

①어떤 활동을 할 것인가

②어느 정도의 시간, 또는 분량의 활동을 할 것인가

③과제나 활동은 언제 끝나는가

④끝난 후에는 무엇을 할 것인가, 혹은 해도 좋은가

등의 내용을 알리는 방법이 작업 시스템(work system)이다.

아동 개개인에게 개별화된 작업 시스템을 고안하여 사용하는 목적은 아동이 교사의 지시, 감독 없이도 안심하고 혼자 과제 학습이나 작업에 집중할 수 있게 하는 것이다. 위의 4가지 사항을 잘 이해할 수 있는 형태로 제시하면 대체로 아동은 대단히 안정된 상태로 과제에 몰두하게 된다. 자폐인들이 교실이나 작업장 등에서 안절부절못하고 적응하지 못하는 경우는 대부분 위의 4가지 내용을 이해하지 못해 곤혹스러워하거나 혼란스러워하는 경우이다.

또한 자폐 아동은 혼자 자립적으로 과제에 몰두하는 것을 무척 좋아한다.

개별적 작업 방식은 원래 일 대 일 개인 지도로 가르치는데, 아동이 자립적으로 과제에 착수하기 위해 개별화된 방식을 혼자 활용할 수 있도록 하기 위한 것이다.

티치 프로그램에서는 보통 난이도가 다른 네 종류의 방식을 사용하는데, 개별 아동의 기능 수준에 맞춘 방식을 응용하여 지도하는 것이 중요하다.

네 종류의 방식은 난이도가 낮은 것부터 높은 것 순서로 다음과 같은 것들이 있다.

1. 우선 '왼쪽에서 오른쪽으로'의 방식이 있다.

교재는 미리 학습이나 작업용 책상 위 왼쪽에 준비해 놓고, 책상 위 오른쪽에는 완성물을 넣을 상자를 놓아 둔다. 아동은 왼쪽 상자에 있는 교재나 작업용 부품을 꺼내 책상 가운데에서 정해진 과제를 하고 완성물을 오른쪽 상자 안에 넣는다. 어떤 과제를 어느 정도의 분량으로 해야 할지는 왼쪽의 교재나 재료를 보고 가운데의 그림 설명을 보면 이해할 수 있도록 되어 있다. 왼쪽 상자가 텅 비고 오른쪽 상자가 완성물로 가득 찼을 때 과제나 작업이 종료되는 것이므로, 시간 개념이 취약해도 자폐 아동의 장기인 시각적 기능으로 이해할 수 있게 한다.

이때 좌우 상자 사이의 중앙에 시각적으로 제공되는, '정해진 과제'에 대한 이해를 돕는 아이디어가 뒤에서 설명할 과제 편성이라는 구조화 방법이다.

● 색깔을 이용한 작업 시스템. 정면에 보이는 순서를 나타내는 색깔별 카드와 왼쪽 과제 정리함의 같은 색끼리 맞추어 과제를 선택하여 시작하고, 끝나면 오른쪽 완료 상자에 넣는다.

　과제 학습이나 작업이 끝나면 벨을 울리는 방법 등으로 교사에 게 알리도록 가르치는 것도 좋다. 또한 작업이 끝나고 아동이 좋아 하는 활동이나 간식 시간을 갖게 하면 기대나 즐거움을 체험하게 되어 학습이나 작업 의욕을 강화시킬 수도 있다. 이러한 활동도 적 절한 지도 프로그램으로 짜여야 할 것이다.

2. 다음으로 색깔 맞추기를 이용한 시스템이 있다.
　이 시스템은 아동이 교실의 특정 장소나 작업 공간의 자기 선반 위 같은 곳에 준비된 교재 가운데서 자신의 과제를 적절히 가져와 자기 책상에 놓고 자발적으로 그 과제에 착수할 수 있도록 순서 등 을 지도하기 위한 것이다.

이것은 작업의 종류와 양에 대해 아동의 이해를 촉구하기 위해 색깔을 이용하는 시스템이다. 예를 들면 세 가지 색(빨강, 파랑, 노랑)을 사용해 1번 작업이 끝나면 2번 과제로, 다음은 3번 교재로 준비된 작업을 실행하도록 준비된 교재나 과제를 하나씩 스스로의 이해와 판단으로 가져와서 각각 완성하여 연속적으로 작업을 수행해 간다.

구체적으로는, 세 가지 색을 사용해 만든 카드를 작업 공간 내에서 아동이 보기 쉬운 장소(벽 같은 곳)에 자유롭게 떼어낼 수 있도록 클립이 부착된 두꺼운 종이에 클립으로 집어 둔다. 삼색 카드를 배열하는 방법은 위에서 아래로, 또는 왼쪽에서 오른쪽의 순서로 정해 놓는다.

아동에게는 이 클립이 부착된 종이판에 붙어 있는 색깔 카드를 순서대로 집어 내는 것부터 가르친다. 다음으로 그것과 같은 색의 카드가 붙어 있는 교재 상자를 찾는다. 교재 상자의 색깔 카드 바로 옆에는 포켓이 붙어 있는 봉투 모양의 주머니를 붙여 두고, 아동이 가지고 온 색깔 카드를 교재 상자의 카드 색과 맞추어 본 후 포켓에 넣도록 지도한다. 다음으로 교재 상자를 작업 공간의 자기 책상 위로 옮겨 그 작업을 완성한다.

맨 처음의 색깔 카드 과제가 끝나면 두 번째의 색깔 카드를 종이판의 클립에서 빼낸다. 그런 다음 교재를 두는 곳에서 그 색깔 카드와 같은 색 카드가 붙어 있는 교재 상자를 가지고 와서 두 번째 작업에 들어간다. 세 번째 과제도 마찬가지 순서로 아동이 자발적으로 혼자 연속하여 작업을 준비하고 실행할 수 있도록 지도한다.

 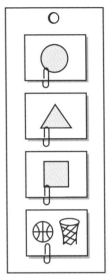

●숫자를 사용한 작업 시스템. 책상 왼쪽
에 과제를 넣는 정리함이 번호 순으로 놓
여 있다. 번호 순으로 과제를 시작하고, 끝
나면 원래의 선반에 돌려놓는다.

● ○△□등 부호를 이용한 작업 시스템

　이 작업 시스템은 색의 종류로 어떤 과제인지(즉, 어떤 교재를 준
비할지) 알고 색깔 카드의 장 수로 어느 정도의 종류, 분량의 작업을
해야 하는지 이해할 수 있다. 모든 작업이 끝났을 때는 그것을 교사
나 지도원에게 알릴 수 있도록 지도한다. 그때 놀이나 간식 등 강화
(목표 행동을 칭찬이나 보상 등을 통해 더욱 증진시키는 것 - 옮긴이)가
있을 것이라고 알리는 것도 중요하다.

　작업 그 자체의 정확한 실시 방법을 가르치는 개념은 다음 항목
인 과제 편성에서 소개하겠다.

3. 아동의 발달과 기능 수준이 향상됨에 따라 색깔 카드에서 숫

자나 알파벳 등을 사용한 상징기호 시스템을 가르칠 수 있다.

예를 들면 앞의 그림(117쪽)은 ○△□ 기호(상징)를 사용한 시스템이다. 이 단계가 되면 3장의 기호 카드 외에 강화가 제공된다는 것을 의미하는 카드를 제시할 수 있다. ○△□ 카드는 세 종류의 과제 작업을 완성해야 한다는 것을 가르치고, 마지막 카드는 세 가지 과제를 끝내면 아동이 좋아하는 농구를 할 수 있다는 것(강화)을 나타낸다.

아동은 색깔 카드 방식 때와 마찬가지로 위에서 아래의 순서로 카드를 떼어 내도록 배웠으므로, 맨 처음에는 동그라미 카드를 가지고 교재를 두는 곳에 가서 같은 동그라미 카드가 붙어 있는 교재 상자를 가지고 온다. 그러고는 자신의 책상 위에서 상자 안의 교재를 사용해 과제를 시작하고 완성물을 상자에 넣어 완성물을 두는 선반에 다시 갖다 놓는다.

이어서 세모 표시 카드를 가지고 같은 작업을 반복한다. 네모 표시 카드 작업도 끝나면 교사에게 알리고 아동은 놀이 장소로 가서 좋아하는 놀이를 즐긴다.

4. 최고 기능 수준에 해당하는 것이 문자에 의한 시스템이다.

지금 어떤 학습 활동이나 과제 작업을 해야 하는지, 작업 시간 또는 작업량은 어느 정도로 해야 하는지를 모두 문자로 적어 제시하는 방식이다.

이 작업 시스템은 개개인의 기능 및 능력 수준에 맞게 이용되어야 한다.

또한 자폐 아동은 ①지금 현재 무엇을 해야 하는가 ②어느 정도 분량의(또는 시간이 얼마나 걸리는) 과제를 하는가 ③그러므로 언제 작업이 끝나는가 등의 '현재'와 '이제 곧'이라는 미래의 전망까지 알고 있을 때 가장 안정된다. 따라서 작업 시스템에는 ④작업이 끝나면 어떤 즐거운 일이나 보상이 주어지는지에 대해서까지 제시되는 것이 가장 좋다. 맨 마지막의 강화는 오렌지 주스 등의 간식, 그네 놀이, 트램펄린, 게임, 좋아하는 음악 듣기 등 아동에 따라 개별적으로 고려되어야 한다.

◢ 과제 편성

과제 편성(task organization)이란 과제 하나하나를 어떻게 해야 하는지 알기 쉽게 보여 주는 방법이다. 자폐 아동은 시각적 능력이 뛰어난 경우가 많으므로 시각적 단서를 제공하여 아동이 혼자 과제를 자주적으로 수행할 수 있게 하는 것이다.

예를 들면 볼펜의 조립 방법, 상품 상자를 접는 법, 세탁물 개는 법, 기계 부품을 조립하는 법 등을 사진, 그림, 문자를 이용해 아동이 이해할 수 있도록 설명한다. 즉 자폐인을 위한 설명서나 사전 같은 것을 만드는 것이다.

티치 프로그램에서 늘 쓰이는 과제 편성에는 이하 다섯 가지 유형이 있다.

1. 문맥(context, 상황)을 제시하는 방법

구어를 잘 이해하지 못하는 아동에게 무엇을 해야 하는지 가르칠 때, 상황이나 전후 관계, 교재를 순서에 맞게 보여 주어서 이해를 촉진시키는 방법이다. '이를 닦으세요'라는 말을 이해하지 못하는 아동에게 세면대로 데려가 칫솔을 주는 방법이 상황 제시이다.

2. 일 대 일 대응으로 가르치는 방법

탁자 위에 컵을 준비할 경우, 수를 세지 못해도 앉아 있는 사람 앞에 각각 한 개씩 컵을 놓는 방법으로 수행할 수 있다. 일 대 일로 맞추는 방법을 사용하면 '같다'는 개념이나 '수'의 개념을 몰라도 같은 것을 맞추거나 수를 세는 것과 마찬가지의 일을 할 수 있다 (117쪽 이미지 참조).

예를 들어 볼펜을 10개씩 상자에 채우는 경우, 10개를 셀 줄 몰라도 마분지를 작게 접어 주름을 잡아서 골을 10개씩 만들어 두고, 그 골 부분에 볼펜을 넣으면 자연히 10개가 되어서 수 개념이 없어도 10개씩 상자에 채울 수 있다.

3. 왼쪽에서 오른쪽으로 이동하는 방식

작업을 언제나 왼쪽에서 오른쪽으로 진행시키는 것을 습관화하면 작업 순서를 외우지 않아도 혼자 할 수 있게 된다.

예를 들어 왼쪽의 볼트를 쥐고 가운데의 너트를 쥐어 끼워 맞춘다. 이 볼트와 너트를 한 세트씩 해서 오른쪽 용기에 넣는 식이다. 연필과 지우개와 캡을 끼워 맞추는 경우 등에도 이 방법을 응용할 수 있다.

4. 지그를 이용하는 방법

지그는 시각적 단서에 따라 작업 순서를 배우기 쉽게 고안된 보조 교재를 가리킨다. 티치 프로그램의 오랜 실천 속에서 고안된 방법인데, 그림, 사진, 문자 등을 단독으로 또는 조합해서 사용한다.

● 지그를 사용하여 자동차 부품을 조립하고 있다.

예를 들면 5종류의 재료를 모아서 봉투에 넣을 경우, 5종류의 재료의 아웃라인이 그려진 종이 보드, 즉 지그 카드를 작업 책상 위에 놓고 각 그림 위에 해당하는 재료를 올려놓는다. 5개 보드 위에 재료가 모두 올려지면 모두 합쳐 봉투에 넣는다. 이 경우에도 앞에서 설명한 일대일 대응과 왼쪽에서 오른쪽으로 이행하는 방식을 익혀 두면 도움이 된다.

지그의 응용은 직업적인 작업 과제뿐만 아니라 세수, 옷 갈아입기, 화장실 등의 기본적 생활 습관을 익히는 것과 세탁이나 조리 등 가사 학습을 지도할 때도 이용된다.

5. 완성물을 제시하는 방법

처음부터 완성물을 보이고 그것과 같은 것을 만들거나 같은 완성 과정을 따라가게 하는 것이다. 두 개의 블록이나 기계 부품을 조합하는 간단한 것에서부터 복잡한 과정을 포함하는 고기능 수준의 능력을 요하는 과제까지, 폭넓은 응용이 가능하다.

◆ TEACCH ◆

취업과 직장 생활 지원

TREATMENT AND EDUCATION OF AUTISTIC AND RELATED COMMUNICATION-HANDICAPPED CHILDREN

4장 취업과 직장 생활 지원

◢ 졸업 후의 거주와 취업을 위한 지원

티치 프로그램에서는 자폐인이 학교 교육을 마치기 전까지 졸업 후에 어떻게 지원할 것인지 구체적이고 명확한 계획을 세워 둔다.

우선 어디에서 지낼지 '거주'에 관한 문제이다. 학교 졸업 후에도 당분간 가족과 함께 생활할 것인지, 가까운 장래 또는 졸업과 거의 동시에 그룹홈으로 이주할지를 보호자와 상담하면서 궁리한다.

다음으로 어떤 여가 활동을 즐기면 좋을지 생각해 교육 지도 속에 관련 내용을 잊지 않고 넣는다.

마지막으로 취업 문제가 있다. 이 문제는 가장 꼼꼼하게 검토된다. 물론 보호자의 희망이나 의견을 가능한 수용하여 배려하지만 무엇보다 중시하는 것은 당사자의 개성과 기능이다. 개개인에 맞춘 졸업 후 활동을 위해 사회복지사업 스태프의 협력을 얻어 가면서 구직 활동(직업/직장 개척)을 시도한다.

일자리를 확보할 때 반드시 일반적인 경쟁 취업을 고집하진 않지만, 가능하다면 무리하지 않고 일할 수 있는 일반 직장을 목표로 한다. 여러 가지 이유로 그것이 힘들다면 다양한 형태의 보호적 · 복지적 취업(Sheltered Workshop)을 검토하여 지원한다.

▲ 직장 구하기(잡 헌팅)

내가 요코하마시 소아 치료교육 상담센터에서 일하던 무렵부터 동료였던 사회복지사 하야카와 가쓰지(早川勝司)는 구직 분야의 뛰어난 개척자였다. 그는 지적장애자나 지적장애를 가진 자폐인을 위해 가나가와현(神奈川県) 내 전역을 뛰어다니며 중소기업 일자리를 풍부하게 발굴해 왔다.

이같은 활동을 1970년대 후반 무렵부터 시작하여 80년대에 들어 더욱 박차를 가했다. 당시는 아직 버블경제가 무너지기 전이어서 중소기업들은 일손이 필요했다. 때문에 이런 활동이 다소 쉬웠던 면도 있었지만 그렇다 해도 개척자로서 그가 했던 일들은 훌륭했다.

나도 그를 따라 몇 군데 기업을 방문하여 그들이 궁금해하는 지적장애나 발달장애인의 특성을 설명하고, 고용을 부탁하며 돌아다녔다.

하야카와는 요즘 말하는 잡코치(직장 적응 조력자)의 역할을 명실상부한 개척자로서 해냈다. 당시 그는 자신이 하는 일을 일러 직장의 파트너라고 했다. 잡코치라는 호칭과 역할 수행자가 전혀 없던 시대였다.

그는 직장 내의 직원에게 파트너로서 일하는 방법을 훌륭하게 전수했다. 전수가 끝나면 그 직장을 떠나 다음 직장에 다른 이용자를 데리고 간다. 내가 동행하여 설명하는 경우도 있었다. 때로는

사무소 작업 일지의 예

● 1일 작업 일지. 각각의 작업을 제대로 해냈는지, 정해진 룰을 지켰는지 스스로 평가하여 기입한다.

A씨의 일지(작업이 없었을 때는 건너뜁니다)

　　　　년　　　　월　　　　일

[오전]

① 작업 시간이 되자 조용히 작업을 시작했습니까? ······················ 네　아니오

② 작업도구는 작업용 배낭에 챙겨서 옮겼습니까? ····················· 네　아니오

③ 청소(창고, 휴게실, 복도, 계단)를 한 다음 남아 있는 쓰레기는 없었습니까?

　　　　　　　　　　　　　　　　　네　　　남아 있는 쓰레기는 없었습니다

　　　　　　　　　　　　　　　　아니오　　남아 있는 쓰레기가 있었습니다

④ 정해진 시간까지 작업을 마칠 수 있었습니까? ······················ 네　아니오

⑤ 보통 크기의 목소리로 말을 했습니까? ···························· 네　아니오

⑥ 기침이 날 때, 입에 손을 대고 작게 기침했습니까?

　　(기침이 나지 않았을 때는 패스) ································· 네　아니오

⑦ 지시서를 보고 작업을 했습니까? ································· 네　아니오

⑧ 복도에서 다른 사람과 부딪치지 않고 청소했습니까? ··············· 네　아니오

⑨ 잘 모를 때는 화내지 않고 '부탁합니다'라고 말했습니까? ·········· 네　아니오

⑩ 다른 사람과 부딪치지 않고 걸어 다녔습니까? ····················· 네　아니오

⑪ 사회인으로서 일을 해냈습니까? ································· 네　아니오

잡코치 사인

A씨의 일지(작업이 없었을 때는 건너뜁니다)

    년   월   일

[오후]

① 차를 제대로 삼켜서 마셨습니까? ································· 네 아니오

② 복사물의 페이지를 맞출 때 숫자가 제대로 나왔는지 체크했습니까? ···· 네 아니오

③ 복사기가 작동하지 않을 때 다른 직원에게 '복사 좀 봐 주세요'라고 말했습니까?
  ·· 네 아니오

④ 숫자는 선 바깥으로 벗어나지 않게 썼습니까? ···················· 네 아니오

⑤ 사무소 안에서 다른 사람과 부딪치지 않고 걸어 다녔습니까? ········· 네 아니오

⑥ 사무소 안에서 다른 사람 얼굴에 A씨의 얼굴을 가까이 들이댔습니까? ···· 네 아니오

⑦ 전화 통화를 하고 있는 사람에게 통화가 끝난 후에 말을 걸었습니까? ··· 네 아니오

⑧ 복도에서 다른 사람과 부딪치지 않고 청소했습니까? ··············· 네 아니오

⑨ 청소(휴게실, 복도, 계단)를 하고 난 후 남은 쓰레기는 없었습니까? ····· 네 아니오

⑩ 일정표대로 작업을 끝내고 다음 작업을 할 수 있었습니까? ··········· 네 아니오

⑪ 지시서를 보고 작업을 했습니까? ······························· 네 아니오

⑫ 보통 크기의 목소리로 말을 했습니까? ·························· 네 아니오

⑬ 작업 도구를 정리했습니까?
  (일정표, 문서 세단기, 청소 지시서, 빗자루, 쓰레기통 등) ············· 네 아니오

⑭ 뒷정리와 퇴근 준비를 했습니까?
  (셀로판테이프, 연필깎이, 티슈, 펀치 등) ······················ 네 아니오

⑮ 받은 과자를 잡코치에게 드렸습니까? ·························· 네 아니오

⑯ 작업 중에 과자를 먹었습니까? ······························· 네 아니오

⑰ 사회인으로서 일을 해냈습니까? ······························· 네 아니오

잡코치 사인

● 전표를 실로 철하는 등 작업대에서 작업하는 모습. 작업하기 쉽도록 여러 가지 지그가 고안되어 있다. 잘 모르는 점이 있을 때는 잡코치에게 '부탁합니다' 하고 말을 건넨다.

이용자의 어머니에게 파트너 역할을 맡기기도 했다.

직장에서 주어진 일에 장애인이 일할 때 필요한 개선 사항을 궁리하여 덧붙인 작업 방식을 그 자신이 습득하면서 어머니에게 전수했다. 당시의 직장은 상대적으로 느긋한 분위기이기도 했다.

파트너인 하야카와뿐만 아니라 그런 어머니의 존재를 받아들여 주는 곳이 적지 않았다. 때로는 어머니가 자녀의 파트너 역할이 끝난 다음 자신도 직원으로 그 직장에서 계속 일하는 사례도 있었다.

우리는 당시, 아직 티치 프로그램을 접하기 전이었지만 결코 고기능이 아닌 자폐인들의 일반 취업을 파트너 역할을 하면서 지원했다. 직장 사람들, 파트너, 그리고 보호자가 서로 협력하고 시행착오를 겪으며 지원함으로써 취업에서 어느 정도 성과를 얻었던 것은 확실하다.

◢ 파트너에서 잡코치로

그 후 우리는 1982년 여름에 티치 프로그램을 접했다. 그러고는 자폐인의 상상력이 부족하다는 것과 시각 정보에 친화성이 풍부하다는 사실 등에 기초한 시각적, 물리적 구조화의 의미를 배우고 복지작업소와 일반 직장 적응을 도울 대책을 급속히 발전시켰다.

이렇게 하여 각지에 일터에서의 정착을 지원하는 잡코치라는 전문가가 다수 생겨났다. 자폐인은 상상력이나 응용력이 부족하기 때문에 직업훈련 센터 같은 곳에서 직업훈련을 받고 취업해도 일터에서 응용 실천으로 발전시키기 힘든 부분이 있다. 때문에 처음부터 실제 일터에서 작업에 익숙해질 수 있도록 지원하는 것이 바람직하다. 그 점에 잡코치 제도의 보다 큰 의의가 있다.

자폐인은 기능의 차이와 상관없이 주위 사람들로부터 잘 이해받지 못하는 일터에서는 안정되어 적응하기 힘들다. 그들에게는 업무 내용은 물론이고 작업장의 물리적 공간에 있어서도 다양한 수준에 맞는 시각적 · 물리적 구조화가 필요하다. 직장 관계자가 이 기본적 사항을 이해해 주도록 지원해야 한다.

특히 지적장애를 동반한 저기능 자폐인에게는 면밀한 시각적 · 물리적 구조화 절차가 필수적이다.

◢ 고기능 자폐증 · 아스퍼거 증후군의 경우

최근 자폐인의 취업 지원 현장에서 고기능 자폐증 또는 아스퍼거 증후군인 사람들에 대한 지원 수요가 급속하게 증가하고 있다.

우리는 1980년대에 아사히신문 후생문화사업단 사람들과 영화 제작을 위해 노스캐롤라이나를 방문했는데, 당시 티치 프로그램에서는 이미 다수의 고기능 자폐인 취업을 지원하고 있었고 영화 속에도 여러 사람들이 등장했다.

티치 스태프들은 기능의 높고 낮음과 같은 일반적 사항보다도 개별적 특징 쪽이 중요한 만큼 각자의 필요에 따른 다양한 구조화를 이용한 지원이 필수적이라고 했다.

예를 들면 영화에도 나오는 대졸 청년이 있다. 직장 상사는 그가 '정해진 작업'을 하는 모습은 훌륭하다고 칭찬하면서, 그러나 그 일이 끝난 뒤에 할 일을 스스로 찾아내지는 못한다고 했다. 때문에 그 일이 끝나면 반드시 상사인 자신에게 보고하러 오도록 일러 두었다고 한다. 그 청년은 정해진 것은 반드시 지키기 때문에 그 시점에 다음 일을 명확하게 알려주면 된다. 새로운 일은 함께 옆에서 보여 주면서 가르치거나 때로는 글로 써서 전달하면 된다고 자신 있게 말했다.

이 청년은 대학을 졸업할 수 있었던 것이 행운이었다고 말했다. 그러나 자신이 티치를 만날 수 있었던 것은 더욱 큰 행운이라 생각한다고 했다. 만일 티치를 만나지 못했다면 결코 이렇게 일할 수 없었을 거라고도 했다.

그러나 일본에서는 고기능이나 아스퍼거 증후군으로 일컬어지는 자폐인에 대한 취업 지원이 당시에는 거의 없었고, 고기능(high functioning)이라는 용어도 없었다.

그때 나는 소아 치료교육 상담센터에서 근무하고 있었는데, 유소년기부터 자폐증이라고 생각해 지원하고 있던 아동 중에 성장하면서 고기능으로 발달하여 고등학교와 대학에 진학하고 졸업하는 경우를 여럿 보게 되었다.

그리고 그들 다수가 취업에 어려움을 겪고, 취업하더라도 이내 그만둔다는 사실에도 직면하게 되었다. 그중에는 공무원이 되어 비교적 장기간 직장 생활을 유지하는 사람도 있었다. 하지만 그는 고학력이었기 때문에 다른 직원들에게 다양한 배려를 해야 하는 관리직으로 승진했고, 그것을 계기로 좌절하게 되었다.

혹은 신흥종교 단체에 포섭되어 불행하게 이용당한 사례도 있었고, 자폐인에게 가장 힘들 것이라 생각되는 영업직에 내몰려 그 후 취업에 대한 의욕을 잃어버린 사람도 있다.

최근 각지의 행정자치구에 발달장애자 지원센터가 설치되었는데, 그곳의 큰 역할은 고기능 자폐인에 대한 취업 지원이다. 그곳을 방문하는 고기능 자폐인의 80%는 그간 개별적 지원이나 복지 상담을 받아 본 경험이 없었다고 한다.

그들 대부분은 특별한 배려가 필요한 아동이라는 것을 이해받지도 인정받지도 못한 채 성장했는데, 특히 학생 시절부터 주위 사람들에게 이해받지 못해서 여러 가지 고초를 겪어 왔다. 또한 취업을 위해 학생 시절보다 더 큰 어려움에 직면하고 있다.

많은 자폐인들은 주변의 이해를 얻기 전에 가족과 더불어 자신의 장애를 수용하거나 이해하는 문제로 고뇌하고 혼란스러워한다. 게다가 취직 시험에 실패를 거듭해 온 사람이나 취업 후에 몇 번이나 직장을 그만둘 수밖에 없었던 경험을 가진 사람도 있다.

그중에는 많은 어려움을 참고 견디며 용케 여기까지 도달했다는 사실로 듣는 이를 놀라게 하는 사람도 있다. 어린 시절부터 주위의 몰이해를 건드는 것에 익숙해져 있기 때문이라고 하는 사람도 있다.

▲ 자폐증에 대한 주위의 이해

자폐증과 발달장애의 진단 기준으로 의사소통과 사회성 발달의 장애, 그리고 상상력과 흥미, 관심의 범위가 좁고 치우쳐 있다는 점이 꼽힌다. 취업에서 다양한 어려움과 지장을 주는 것은 바로 위와 같은 특성이다. 혹은 이 특성에 대한 주위의 몰이해나 오해이다.

고기능 자폐인들과 대화를 하면 그들이 가장 자주 그리고 열을 올려 말하는 것이, 자신을 이해해 주는 사람이 없다는 것이다. 그중에는 "당사자끼리가 아니면 진정으로 이해하지 못한다고 생각한다"고 말하는 사람도 있다.

로나 윙이 열성적으로 말했듯이 자폐인들 쪽에서 일반인 속으로 들어가는 것은 불가능하다고 할 만큼 어려운 일이다. 우리들 쪽에서 그들의 세계 속으로 들어가지 않고서는 친밀한 교류나 공생, 함께 일하기는 불가능하다. 그런 것을 이해하고 협력하려는 사람들 속에서만 자폐인들은 안정되어 적응할 수 있다.

따라서 그런 의미의 이해자나 협력자가 있는 직장 환경이 아니면 자폐인은 안심하고 일할 수가 없다. 이해자가 없는 환경에서 근무하는 그들이 얼마나 괴로운 상황에 있는지 일반인으로서는 헤아릴 수 없을 것이다.

그러한 이해나 협력을 얻어내고자 노력하는 것이 잡코치이다. 그러나 그렇게 하려면 당사자가 발달장애인이라는 사실을 주위에 알려야 한다. 그렇지 않으면 그들은 심각한 몰이해나 오해 속에서 혹독한 노력을 강요당하게 된다.

필자는 자폐증이라는 특성을 갖고 있음을 당사자 스스로가 자연스럽게 어려움 없이 밝힐 수 있는 사회가 빨리 오기를 열망하고 있지만, 그럴 경우 편견이나 새로운 오해에 부딪힐 가능성이 아직 높다. 밝힐 수 없기 때문에 큰 어려움 속에서 그래도 용케 여기까지 왔구나 싶을 만큼 혹독한 노력을 계속하고 있는 사람들이 적지 않다.

그런 불행한 나날은 결혼한 경우 가족 생활에도 마찬가지로 힘든 영향을 주는 경우가 많다.

직장뿐만 아니라 여러 장소에서 주위로부터 적절한 이해를 얻으면 얼마나 안정되게 적응할 수 있는지, 필자는 노스캐롤라이나를 비롯해 일본 각지에서도 이제까지 많은 사람들을 만나 알게 되었다.

◢ 직장에서의 이해를 바라며

필자와 친밀하게 교류하고 있는 사람들 가운데 보호자 스스로가 잡코치의 역할을 하고 있는 사례도 있다.

자폐증의 특성을 숙지하고 있는 어머니들 가운데, 자신의 아들이나 딸의 직장 상사나 주변인에게 잘 설명을 하여 협력을 구하는 사람들이 있다. 업무 내용을 가능한 범위 내에서 시각적, 물리적으로 구조화하도록 부탁하고, 설명을 할 때는 가능한 짧은 말로 구체적, 긍정적으로, 필요하다면 글이나 삽화 등을 이용해 대응하도록 부탁하고 있다.

특히 이 방법은 기능이 그다지 높지 않은 사람의 경우에 성과를 올리고 있는 듯한데, 주변인들이 장애에 대해 이해하기 쉽기 때문일 것이다. 자식에게 품는 어머니의 애정과 열성, 겸손함이 주변 사람들에게서 협력하고자 하는 마음을 이끌어 내는 것이다.

예를 들어 고기능이고 자유롭게 말하는 것처럼 보이는 사람이라도 상대의 지시나 요구를 알아듣는 것은 어려운 경우가 많다. 주변 인들이 그가 오해를 하거나 잘못 듣는 경우가 결코 적지 않다는 것을 알고 있으면 좋을 것이다.

자폐증의 특성과 개인의 개성을 잘 알고 있는 경우, 위와 같은 역할은 물론 잡코치가 담당하는 경우가 많다. 발달장애인이 어떤 능력이 뛰어난지, 어떤 것에 약점이나 어려움을 갖고 있는지, 그로 인해 직장에서 어떤 일을 어떤 내용과 순서로 준비해 주어야 효과적인지를 직장 사람들에게 잘 전달하면 바람직한 협력을 이끌어내어 안정된 근무와 직장 적응이 가능해지는 사례도 많다.

실패 경험은 되도록 피하기 위해 그때그때 확실히 할 수 있는 일과 역할을 부여해야 한다. 결코 쉬운 일만 하라는 법은 없다. 그러나 여러 가지로 불확실한 요소가 섞여 있어서 임기응변적인 상상력과 응용력을 자주 발휘해야 하는 일에 자폐인은 매우 서툴고 큰 혼란을 일으키게 된다. 이것은 학교 교육 현장에서 학습 과제를 부여하는 경우와 똑같다.

한편 어려움에 처했을 때 상담하고 지시해 줄 복수의 상담 상대를 평소에 정해 두면 대단히 유용하다. "저 사람이 없더라도 또 다른 누군가가 있다는 것이 크게 안심이 된다"고 말한 당사자를 나는 여러 명 알고 있다.

제 **5** 장

여가 활동 및 사회 활동의 지도와 지원

TREATMENT AND EDUCATION OF AUTISTIC AND RELATED COMMUNICATION-HANDICAPPED CHILDREN

5 장 여가 활동 및 사회 활동의 지도와 지원

자유 시간을 즐겁게 보내려면

◢ 여가 활동의 의의

필자와 동료들이 시행했던 청년기 및 성인기 자폐인들의 예후조사에서, 가족과 함께 가정과 지역사회를 생활 기반으로 하여 안정된 적응 상태를 보이는 사람들은 대체로 ①가정 내에서 집안일 등의 역할을 정해진 일과로 분담하여 실천하고 있고 ②혼자서도 몰두하여 시간을 보낼 수 있는 여가 활동을 일상화하고 있다는 사실이 판명되었다.

여기에서 여가 활동은 학교나 직장에서 돌아온 후 또는 휴일에 주로 가정과 지역사회에서 이루어지는 것을 말한다.

종래 자폐 아동의 치료교육에서는 주위 사람과 시선 맞춤을 중시하여, 대인 관계 그 자체를 개선시키거나 발달시키는 것을 목적으로 한 놀이치료 등을 다른 치료교육보다 우선적으로 열심히 시도하였다. 그러나 친밀해진 지도자와 시선을 맞추는 경우가 늘었다고 해서 그 아동이 지도실 이외의 장소에서 다른 사람과 시선을 맞추거나 미소를 지을 수 있게 되는 것은 아니라는 것을 경험적, 실중적으로 이해하게 되었다. 따라서 그런 방법만 우선하는 교육은 사라지게 되었다.

그보다는 자폐 아동 및 청년이 스스로 흥미를 가질 정도로 충분히 배워 익숙해진 활동을 가족이나 동료, 사회의 일반인들과 함께 하거나 그들 주변에서 안심하고 할 수 있도록 지도하고 지원해야 한다. 이때, 자폐인들의 행동을 보통 사람들 수준에 근접하도록 하는 것에만 목표를 두기보다 그들의 활동을 주변 사람들이 자연스럽게 받아들일 수 있도록 하는 것이 좋다. 그것은 받아들이는 쪽과 받아들여지는 쪽 모두가 함께 노력함으로써 이루어진다.

예를 들면 노스캐롤라이나주 티치 프로그램에서는 말로 의사소통을 못해도 카드를 이용한 의사 전달을 학습하여 혼자 볼링장에 가서 게임을 즐기는 청년을 볼 수 있다.

그들은 중학생 무렵부터 학교의 과외활동처럼 여가 활동으로서의 사회적 활동을 지도받고 있다. 발화가 없는 아동은 구두가 그려진 그림과 자기 발 사이즈가 적혀 있는 문자 카드, 그리고 볼링장 직원에게 몇 번 레인에 가서 게임을 하면 되는지 손을 잡고 데려가 달라는 뜻의 요구가 적힌 의사소통 카드가 들어 있는 파일을 가지고 인솔 교사를 따라 스포츠 센터에 간다. 그곳에서 그 카드들을 제출할 장소와 제출할 순서를 구체적으로 정해진 방식대로 배운다.

한편 스포츠 센터 직원은 티치 부서 스태프의 요청을 받아 자폐인들에 대한 대응 방법을 배운다.

자폐인들의 여가 활동은 어릴 때는 집 안에 있는 것들을 중심으로 지도하다가 나이가 들어 감에 따라 점차 사회적 활동에도 관심을 돌리는 것이 바람직하다. 자폐인들이 익힌 행동과 기술을 가능한 사회적으로 의미 있는 활동에 연결되게 하여, 그들이 익힌 것을 자발적으로 즐겁게 실행하도록 할 수 있다면 이상적이다.

그러기 위해서는 볼링장 등의 환경이나 그곳에서 활동할 순서를 구조화 개념을 이용하여 설정, 지도해야 함은 물론이다. 자폐인들은 환경의 의미를 이해한 다음 해야 할 행동을 충분히 배워서 익혀야 비로소 그 상황에 맞는 활동을 즐길 수가 있다. 그러려면 그들에게 여가 활동을 지도할 사람과 활동 장소를 제공할 사람이 서로 잘 협조해야 한다.

◢ 무엇을 가르칠 것인가

어른이 된 자폐인들도 대체로 그렇지만, 자폐 아동은 놀이나 오락의 종류를 자기 힘으로 발전시켜 나가기가 어렵다. 그들 다수는 자유 시간보다 일정한 작업 시스템에 따라 익힌 습관적이고 정형화된 작업에서 더 활기차고 기쁨과 즐거움을 느끼는 것처럼 보인다. 아마도 그럴 것이다. 잘 못하는 일을 어깨 너머로 보고 익혀, 의욕적으로 혹은 다소 모험적으로 시도하는 경우는 거의 없다. 그런 일에 겁을 먹고 극단적으로 강한 경계심을 갖는 사람이 많다.

자폐 아동의 부적응 행동은 흔히 자유 시간이라는 이름의 방치된 시간에 발생하고, 고착되기 쉽다. 어쩌면 그들에게 있어 자유 시간의 대부분은 무엇을 언제까지 하면 되는지 알 수 없는 불안과 혼란의 시간일 것이다.

그들에게 여가 활동을 적극적으로 지도해야 하는 배경에는 그들의 이러한 특성이 있다. 습관이나 정해진 일과처럼 된 여가 활동의 기술을 익힘으로써 자폐인들은 가까스로 안정된 일상생활을 보낼

● 여가 활동으로 하는 캠프의 조리 장면. 랩 밑에 선을 그어 놓아 채소를 써는 법을 시각적으로 알 수 있게 한다. 이런 아이디어에 힘입어 참가자는 스스로 활동에 참가할 수 있다.

수 있다.

이렇게 여가 활동 기술을 익히면 그만큼 정서적으로 안정되어 지낼 수 있는 시간이 늘어나게 되고, 그들의 일상생활을 평온하게 하여 그만큼 즐겁고 풍부하게 해 준다. 게다가 그런 기술들을 사회적 활동으로 발전시켜 갈 수 있다면 생활공간이 확장되고 생활 내용도 풍부해질 수 있다. 자폐인들의 삶을 계획적으로 지원하는 데 있어 여가 활동의 교육적 지도가 갖는 가치는 매우 크다.

여기서 우선 어떤 여가 활동 기술을 신택할 것인가 하는 문제를 살펴보자. 자폐 아동은 일상생활에 루틴(정해진 일과) 프로그램을 많이 넣어 습관화된 생활을 하는 것을 선호한다. 그러므로 예기치 못한 일에 직면하거나 무엇을 하면 좋을지 몰라 곤혹스러워할 만한 상황을 줄여서 학교와 가정 모두에서 불안 없이 안정된 마음으로 생활할 수 있도록, 여가 활동 내용이나 종류에 관해서는 가장 많은 시간을 함께 보내는 부모의 희망에 따라 가정 내 활동부터 선택하는 것이 중요하다.

다음으로 중요한 점은, 조금이라도 긴 시간 동안 몰두할 수 있는 활동을 선택하는 것이다. 학교에서 쉬는 시간은 물론이고, 가정에서 보내는 긴 자유 시간을 되도록 안심하고 즐겁게 보낼 수 있도록 돕는 것은 대단히 중요한 교육 과제이다.

더욱 유의할 것은 우선 아동이 혼자 즐길 수 있는 활동이어야 함은 물론이지만, 동시에 가족이나 다른 사람과도 함께 즐길 수 있도록 응용 가능한 것을 선택하는 것이다. 사춘기와 청년기를 맞이하는 단계에서 사회적 활동으로도 발전시킬 수 있도록 일관된 계획을 가지고 여가 활동의 내용과 방법을 지도하는 것도 중요하다.

부모와 가족이 희망한다고 해서 무엇이든 지도하지는 않는다. 아동의 능력과 기능 발달 수준을 잘 고려해야 한다. 예를 들면 교육진단검사(PEP, Psychoeducational Profile. 노스캐롤라이나 대학 정신의학 연구실에서 개발한 발달검사로, 아동의 기능별 수준을 측정하여 현재의 발달 수준에 맞는 개별 교육 프로그램에 활용하기 위한 것이다. – 옮긴이)의 '싹트기 반응'(PEP의 발달 척도 채점 방법 가운데 '합격'과 '불합격' 사이의 중간 지점을 말한다. 과제를 해결하는 방법을 약간은 알고 있지만 스스로 해결하지 못하거나, 검사자가 해결 방법을 반복해서 보여주어야 해결할 수 있는 단계이다. – 옮긴이) 등은 중요한 판단 기준이 된다.

여가 활동 교육은 여가 시간을 즐기기 위해서 하는 것이므로 아동이 현재 즐겁게 하고 있는 놀이나 활동이 있다면 그것을 발전시키는 지도가 매우 현실적이다. 그러나 수돗물을 계속 틀어 놓고 장시간 노는 것 등은 가정생활을 위해 결코 현실적이지 못하고 가족에게 즐거움을 주는 것도 아니다. 오히려 경제적 부담 등 큰 어려움을 초래하게 된다.

또한 일반적으로 자폐 아동은 충분히 습득해서 습관적으로 할 수 있는 활동만 즐기는 경향이 강하므로, 제대로 익혀야 즐겁게 활동할 수 있는 놀이나 취미가 된다는 것도 염두에 두어 꾸준히 지도하는 것이 중요하다.

◢ 어떻게 가르칠 것인가

일본의 학교 교육에서는 쉬는 시간을 보내는 방법에 대한 배려가 전혀 없다고 해도 과언이 아니다. 그러나 자폐 아동의 교육에 관한 세계적 모델로 주목받는 티치 프로그램을 도입한 학교에서는 어느 학급이나 세심한 곳까지 배려가 미친 놀이 공간이 있다.

교사는 개별 아동의 부모로부터 아이가 가정에서 어떤 놀이나 활동을 할 때 가장 편안하고 평온한지 정보를 꼼꼼하게 수집하여 개별 아동에게 필요한 장난감이나 도구를 갖추는 것에서부터 교육을 시작한다. 휴식 시간에 되도록 충분한 안식과 즐거움을 주어야 수업 중 어려운 과제에 집중할 수 있기 때문이다.

자폐 아동은 익숙하지 않거나 이해할 수 없는 상황에 놓이면 불안과 혼란으로 긴장이 고조되고 유연한 탐구심을 더욱 잃게 된다. 따라서 낯선 장소에서는 평소 집에서는 좋아해서 가지고 놀던 장난감이나 놀이 도구가 있어도 관심을 두지 않는다.

그렇기 때문에 장소에 빨리 익숙해져서 안심할 수 있게, 휴식 시간을 보낼 놀이 공간의 구조를 시각적으로 이해하여 친밀해지도록 하는 등 아동의 기능 수준에 맞춘 물리적 구조화를 위한 연구를 철저히 해 두어야 한다.

자폐 아동의 지도에서는 그간 교육적으로 여러 가지가 시도되었던 발달장애 아동 일반에 대한 경우와 달리, 자폐증의 고유한 특성에 맞춘 여러 창의적 대책이 필요하다.

예를 들면 가정과 학교의 놀이 공간에서 아동이 미니카 등에 관심을 보인다고 하자. 그때 부모 중 한쪽이나 교사가 그 아동의 놀이에 참여하여 활동 내용을 발전시키려고 관여하면 많은 경우 아동은 개입자의 손을 뿌리치고 싫어한다. 더 집요하게 개입하려고 하면 괴성을 지르거나 자기 머리를 때리거나 손등을 물거나 하며, 마치 쓸데없는 짓을 하지 말라는 듯 분노의 표현을 한다. 혹은 놀이 그 자체를 그만두어 버리기도 한다. 그러나 거기서 어른이 참여나 지도를 그만두면 아동의 놀이는 전혀 변화하지 않고 날이면 날마다 미니카를 그저 옆으로 늘어놓기만 하는 행동으로 시종일관하는 결과가 되기 쉽다.

런던 대학 아동정신의학자 러터와 뛰어난 치료교사인 하울린(Patricia Hawlin)은 이런 경우, 처음부터 아동에게 미니카를 전부 주지 말고 아동의 요구에 따라 하나씩 건네주는 것이 좋다고 한다. 아동이 자신의 놀이에서 상대방의 존재가 조금이라도 의미가 있음을 인식함과 동시에, 상대방에게 자기 요구를 전달하는 자발적 의사소통의 연습도 된다는 것이다.

이렇게 놀이나 여가 활동을 지원할 때도 치료교육자에게는 내용과 종류를 선택하는 것에서부터 방법의 고려에 이르기까지 창조적 아이디어가 끊임없이 요구된다. 또한 상황의 의미를 포함해 치료교육자의 의도를 아동에게 정확히 전달하기 위해서는 구조화 개념이 아주 효과적이며, 평소 생활과 교육 현장에서 수집하여 축적해 놓은 의사소통 샘플이 매우 유용하다.

◢ 교육 방법의 사례

1. 장난치기

티치 스태프들은 오랜 세월에 걸쳐 아이들의 부모와 협력하여 생활과 여가 활동을 지도하기 위한 매뉴얼을 267개 과제로 나누어 개발했다. 그 가운데 구체적 사례를 여기에 소개하니 참고하기 바란다.

유아기 초기의 아동에게 사회적 교류와 신체 접촉에 대한 내성을 키우도록 촉진하면서 '가벼운 신체적 교류의 즐거움'을 가르친다.

지도하는 과정은, 빈번한 신체 접촉으로 이끌기 위해 아동을 몇 번 안아 올렸다 내렸다 하는 것으로 시작한다. 가능하면 말을 많이 걸면서 스태프의 말을 흉내 내게 하는데 '와'나 '오'처럼 간단한 1음절 발성만으로 제한한다. 아동이 신체 접촉을 싫어할 경우에는 안심할 수 있도록 부드럽게 말을 걸면서 천천히 과정을 진행한다. 아동이 긴장을 풀기 시작하면 옆으로 살살 흔들어도 되지만 너무 빨리 움직여서 무서워하지 않도록 주의한다.

신체 접촉에 대한 어린 아동의 내성이 강해짐에 따라 서서히 시간을 늘려 간다. 하루에 몇 번씩 되풀이해 지도하는 것이 좋으나 1회분 지도에서는 한 번만 안아 올리거나 흔들기부터 시작하는 것이 좋다. 아동의 긴장이 풀린 것 같다면 1회분 지도에서 두 번 안아 올리거나 흔든다. 이렇게 해서 신체적 교류의 수용 범위를 조금씩 늘린다.

마찬가지 방법으로 간지럽히기 놀이나 목마 타고 흔들기 놀이 등도 포함시킬 수 있다.

2. 식탁 매트 짜는 법 가르치기

초등학교 저학년 정도의 아동이 응용 가능한 여가 활동으로, 적어도 두 가지 색 이상의 색상지를 사용해 지도한다. 천 같은 다른 재료를 사용해도 된다.

색상지를 2.5cm 폭으로 가늘고 길게 자른다. 색상지 가운데 한 가지는 20cm, 다른 색은 30cm 길이로 자른다. 용지 한 장은 자르지 않고 그대로 바탕지로 사용한다. 20cm 색상지는 바탕지 위쪽에 각각 그림A와 같이 스테이플러로 고정시킨다. 그 다음, 30cm색상지를 오른쪽에서 왼쪽으로(아동이 왼손잡이인 경우에는 왼쪽에서 오른쪽으로) 엮어 짠다(그림B). 시연을 할 때는 '위' '아래' 하고 말하면서 종이를 움직여서 엮는다.

만일 아동이 혼란스러워하거나 욕구불만을 일으키기 시작하면 중단하든가 일단 이해해 주면서 손을 이끌어 조금 멀리서 지켜보게 하는 것이 좋다. 자른 색상지를 제대로 엮어 짰다면 흐트러지지 않게 작은 테이프로 고정한다. 마지막으로 끝부분도 가지런히 자르기 위해 가위를 건네준다.

매트를 완성하면 아동이 기뻐할 만한 방법으로 칭찬하는 것을 잊지 말자. 완성된 작품은 식사 때 테이블 매트로 사용하거나 부엌 등의 벽에 붙여 장식해도 좋다.

감정 표현이 부족한 아동에게도 자신의 작품이 활용되는 것을 보는 경험은 나중에 다음 작품을 만들기 위한 새로운 동기 부여가 된다.

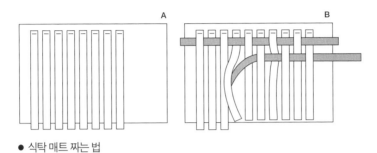

● 식탁 매트 짜는 법

3. 혼자 그리기

종이와 크레용 몇 자루를 준비해서 간단한 그림을 혼자 따라 그리게 한다.

지도에 앞서 간단한 그림을 한 장의 용지에 한 개씩 여러 장 그려 둔다. 그림은 아동이 이전에 그린 적이 있는 대상에서 고른다. 간단한 집이나 나무 또는 인물을 선으로 그린 것도 좋다. 아동에게 종이 한 장과 크레용 한 개, 미리 그려 둔 그림(예를 들면 집 한 채를 그린 것)을 건넨다. 그 그림을 가리키며 "집"이라고 말한다. 다음, 아동의 종이를 가리키며 "집을 그려요" 하고 말한다. 다 그리고 나면 멋진 보상을 받을 수 있다고 알려준다.

견본 그림을 보고 그리기 시작하면 서서히 아동으로부터 떨어져 집 안의 다른 볼일을 본다. 단, 아이한테서 눈을 떼지 않고, 주의력이 산만해지지 않는지 확인한다. 어른이 떠난 후 아이가 낙서를 하기 시작하거나 그리기를 그만둘 것 같으면, 그림을 다시 한 번 가리키며 "그림을 그리세요" 하고 말하고 보상에 관해 상기시킨다. 아이가 스스로 그 그림을 따라 그리려고 할 때에만 보상을 준다. 처음에는 견본을 따라 그리려고 하는 것만으로도 보상을 주지만, 잘 그리게 되면 그림을 완성해야만 보상을 준다.

4. 지시를 읽고 혼자서 그리기

남의 도움을 빌리지 않고 하는 여가 활동과 함께 작업 기술의 향상을 지향한다. 목표는 간단한 지시를 읽고 거기에 따르는 능력을 익히는 것이다.

종이와 크레용 몇 자루를 준비하고 아동에게 그리게 하고자 하는 하나의 그림에 대해 간단한 지시를 적는다. 아동이 지시를 읽고 이해할 수 있는지 확인한다. 기술된 지시어 하나하나를 이해한 뒤 요구된 그림을 전부 그릴 수 있어야 한다. 적절한 지시란 '아버지를 그리세요'라든가 '집을 그리세요'와 같은 단순 명확한 것이다. 아동이 이해 못 하는 지시어는 모두 아동을 욕구불만 상태로 만들어 그림을 그리고 싶지 않게 만들어 버린다는 점을 잊지 말자.

지시를 다 적었으면 그것과 함께 용지 한 장과 크레용 한 자루를 준다. 첫 지시를 아이가 읽는 것을 돕고, 그리기 시작하도록 지도한다. 그리기 시작하면 서서히 아이에게서 떨어지지만, 주의가 산만해지지 않는지 확인하기 위해 계속 지켜본다. 거의 끝난 것 같으면 아이에게 돌아가, 그린 것과 지시대로 해낸 것을 칭찬한다.

아동이 지시대로 그리는 것에 익숙해지면 용지 세 장, 크레용 세 자루와 세 장의 다른 지시서를 놓아 둔다. 세 장 모두 다 그리면 특별한 보상을 받을 수 있다고 알려준다. 이 과정은 지시에 따라 혼자서 20분에서 30분 안에 그릴 수 있을 때까지 반복한다.

어린이들뿐만 아니라 일반적으로 자폐인들은 직물이나 종이접기 외에 '그림 그리기 노래'에 따라 그리기처럼 활동의 순서나 패턴이 일정하게 정해져 있는 것을 실행하기 좋아한다.

내가 아는 어떤 사람은 어머니의 지도로 초등학생 무렵부터 수예를 특기로 하여 수많은 훌륭한 작품을 완성시켜 백화점 등의 작품전에서 몇 차례나 입상했다. 또한 그 사람은 전자 오르간 연주도 좋아해서 지도를 담당하고 있는 선생이 의사소통과 일상생활의 일반적 활동 기능에 비해서 어떻게 그 정도로 전자 오르간을 잘 치는지 이해할 수 없다며 놀랄 정도였다.

그 외에도 필자가 늘 접하는 자폐인들 가운데에는 음악, 회화, 도예, 수예 등 절차와 순서 등이 확실하게 정해져 있는 여가나 취미 활동 분야에서, 다른 임기응변적 대응이 필요한 생활 기술에 비하여 상상할 수 없을 정도로 고도의 기술을 발휘하는 사람이 많다. 습관적인 여가 활동을 익혀 두는 것은 안정된 일상생활에 직결되므로 그 지도는 대단히 중요한 교육 과제라는 것을 강조해 둔다.

◢ 두 군데의 공간에서 지도하기

자폐 아동 및 청년이 정신적으로 안정된 생활을 하기 위해 일상적이고 습관적인 여가 활동을 익히는 것이 중요하다는 것은 되풀이하여 서술했다.

매일 또는 매주, 일상적 습관으로 지속하는 여가 활동 내용에는 가정 내에서 하는 것과 지역 내 사회적 자원을 이용하는 활동이 있다. 가사처럼 가족 구성원으로서 해야 할 역할과, 놀이나 여가처럼 즐거움을 위한 활동을 심리적으로는 거의 구별하지 않고 습관이나 일과 활동처럼 즐기는 사람들도 적지 않다. 양자를 심리적으로 확실하게 구별하여 일상생활을 하고 있는 자폐인들은 고기능 쪽인 경우가 많다.

이런 점에서 볼 때, 자폐인들의 여가 활동으로 습관이나 일과가 될 만한 것을 선택해 지도하는 것이 중요하다. 달리 말하자면, 그들 대부분은 습관이나 일과가 될 정도로 충분히 익힌 활동은 대체로 어떤 것이든 즐길 수 있는 특성을 갖고 있다는 점을 유념해야 할 것이다.

◢ 가정 내 여가 활동

자폐인들이 학교, 직장 또는 작업소에서 귀가한 후와 휴일에 즐겨 하는 여가 활동에는 다양한 것들이 있으나 필자의 경험으로 볼 때 가장 많은 것은 음악 감상과 텔레비전 시청이다. 그 다음으로 많은 것은 텔레비전 게임 등 기계를 이용한 게임이었다.

이 활동들은 모두 여가 시간을 보내는 방법에서 부모나 형제의 습관과 취미 등으로부터 영향을 받아 학습된 것이다.

또한, 앞서 소개했듯이 자폐인들에게는 집안일을 일과 행위로 습득하는 것보다 자유 시간에 취미활동 하는 것을 습관화하는 것이 더 어려운 경우가 많다.

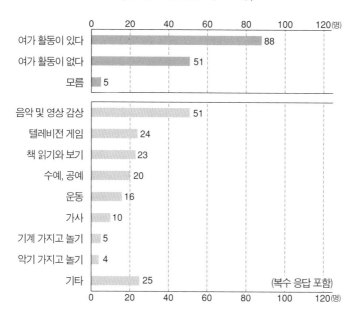

가정 내 여가 활동 유무와 내역
(중학생 이상 연령자 144명)

여가 활동이 있다 — 88
여가 활동이 없다 — 51
모름 — 5

음악 및 영상 감상 — 51
텔레비전 게임 — 24
책 읽기와 보기 — 23
수예, 공예 — 20
운동 — 16
가사 — 10
기계 가지고 놀기 — 5
악기 가지고 놀기 — 4
기타 — 25

(복수 응답 포함)

이것은 아마 가사 같은 일 쪽이 놀이 등의 여가 활동보다 매일의 생활 습관으로 지도하기 쉽기 때문일 것이다. 게다가 발달장애가 어느 정도 중증인 데다 기능 수준이 높지 않은 사람들 다수는 집안 일과 놀이를 심리적으로 구별하는 경우가 별로 없기 때문에 지도하는 사람 자신이 습관적으로 하는 일상생활의 일부를 함께 되풀이하면서 구체적으로 꾸준히 가르친다고 생각하는 것이 좋다.

필자가 교류하고 있는 많은 자폐인들은 부모가 그런 습관을 중요시하는 자세로 생활 기술을 가르친 결과, 중학생이 될 무렵에는 40~50%가 세탁이나 목욕탕 청소를 돕거나, 혼자 할 수 있게 되었다. 게다가 부모가 느끼기에 상당히 즐거워하면서 하고 있다는 것이다.

집안일 거들기 · 역할의 유무와 내역
(중학생 이상 연령자 144명)

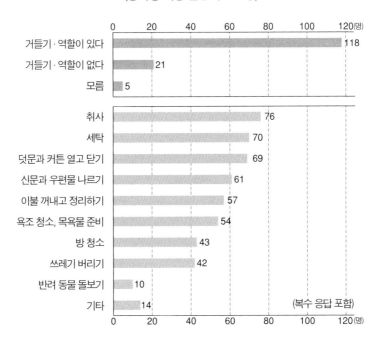

일반적으로 자폐인들은 무엇이든지 습득하면 즐거움을 느끼는 특성을 가지고 있다(다른 한편으로는 즐거움을 느낄 정도로 숙련된 일 이외의 것은 좀처럼 하려고 하지 않는 점도 있지만 말이다).

필자의 경험상 자폐인들에게 딱 좋은 여가 활동으로 수예가 있다. 수예는 편물이나 자수처럼 일정한 규칙이나 법칙에 따라 기계적으로 반복하는 작업이 많기 때문에 그들이 잘할 수 있는 활동이 되기 쉽다. 게다가 자폐인들은 문자, 숫자, 상표, 텔레비전 광고 등과 같이 시각적 패턴으로 파악하거나 기억하는 것을 잘하므로 이런 작업에서는 서서히 숙달된다. 대단히 훌륭한 작품을 꾸준히 만드는 사람도 많이 있기 때문에 많은 사람들에게 꼭 가르치길 권한다.

습관과 법칙성은 시각적 지각과 함께 자폐인들의 학습과 그 실용화를 생각하는 데 매우 중요한 관점이다. 그런 의미에서 그들의 습관적 여가나 일과를 지도하기 위한 구체적 과제로 취사나 요리를 들 수 있다. 필자의 경험에서도 중학생 이상의 연령에 도달한 자폐 청소년 중 절반 이상이 부엌일을 습관적으로 돕고, 그 가운데 또 절반 정도가 몇 가지 요리를 거의 스스로 혼자 가족을 위해 만들어 가족들을 기쁘게 하고 있다.

자폐인들은 결과를 시각적으로 예측할 수 있는 것에 대해서는 그 과정을 열심히 쫓아가고 싶어하는 경향이 있다. 순서가 일정한 조리 활동은 일단 습득하면 즐겨 하게 된다.

또한 식사에 관한 일은 많은 가정에서 어머니가 하고자 하는 마음만 있으면 매일 습관적으로 지도할 수 있는 활동이다. 취사에 관련된 부엌일은 아이가 좋아하는 물놀이의 연장선상인 설거지 등 초보적 활동에서 시작하여 종류가 다양한 가사 기술을 가르칠 수 있다.

식사에 관한 부엌일을 돕는 것이 자폐인들에게 여가 활동인지 아닌지 잘라 말하기 어려울 수도 있겠지만, 자유 시간을 주체 못 하는 그들에게 시간을 의미 있게 보내는 방법임에는 틀림없다.

▲ 사회 자원의 활용

자폐인들에게 여가 활동은 가정 내에서 하는 것만으로는 충분치 않다. 나이가 들어 감에 따라 생활이나 학습, 놀이 공간을 지역사회로 서서히 확장시키는 것이 좋다. 그렇지 않으면 가족 모두가 난관에 봉착해 고생하게 된다. 따라서 여가 활동을 배우고 즐기기 위한 각종 사회 자원을 매주 정기적으로 이용하도록 지원했으면 한다.

이런 목적으로 티치에서는 다음에서 보듯 평가 절차에 따른 평가지를 사용하여 치료교육자 및 지원자 훈련을 하거나 실제 교실 등에서 사용하고 있다.

필자가 만나 온 자폐인들이 자주 이용하고 있는 사회 자원은 수영 교실 같은 스포츠 시설이다. 스포츠 센터나 승마 클럽 등을 이용하는 사람들도 있다. 요리, 수예, 도예, 서예 교실 같은 곳에 다니는 사람들도 많다. 그런 사회 시설에서 익힌 것을 가정에서 여가 시간을 보내는 방법으로 응용하고 있는 사람들이 많다.

요리, 수예, 서예 등을 배울 경우, 그와 같은 취미 교실에 어머니와 함께 다니며 두 사람이 함께 배우는 것도 좋다. 배운 과제나 활동을 가정에서 어머니가 복습하면서 아이에게 다시 가르치는 등 가정 내 여가 활동으로 연결시키도록 한다.

자폐인들은 수영 교실이나 도예 교실 등에 매주 정기적, 습관적으로 안심하고 다니게 되면 오가는 동안 전철이나 버스를 타는 그 자체도 여가 활동으로 즐기는 경우가 많다. 따라서 편도 1시간 이내의 거리라면 여가 활동을 위한 사회자원으로 교통기관을 많이 이용해도 좋을 것이다.

티치 연수회에서 실행한 사회적 기술과 여가 활동 평가

〈부모로부터의 정보〉

· 가정에서 아동은 여가 활동으로 무엇에 흥미를 가지고 있는가?

· 무엇을 하고 노는가?

· 어느 정도의 시간을 혼자 놀며 지낼 수 있는가?

· 사회성 발달과 관련하여 아동의 장점은 무엇인가?

· 그 단점은 무엇인가?

· 사회적 기술, 여가 활동으로 부모는 아동에게 무엇을 가르치고 싶은가?

〈아동으로부터의 정보〉

비공식적 관찰 – 아동의 사회적 기술, 여가 활동의 장단점을 관찰한다.

평가 – 여가 활동 테이블에서 몇 가지 활동을 선택해 아동의 여가에 관한 흥미와 기술을 평가한다.

〈개별적 여가 활동을 계획한다〉

1. 무엇을 가르칠 것인지를 어떻게 결정했는가?
2. 무엇을 기존에 가르쳤는가?
3. 그 결과는 어떠했는가?
4. 어떤 점을 바꾸려고 하는가?

다른 한 명의 아동과 함께 할 수 있는 사회적 기술, 여가 활동 목표를 세운다. 위의 질문에 대해 다시 한 번 생각해 본다.

연수회 마지막 날에는 음료와 과자로 파티를 연다. 티치 스태프, 연수생, 자폐 아동 전원이 참가한다. 아동의 기술과 흥미에 맞춰 파티에서 각자의 역할을 생각해 둔다.

그런데 취미 교실이나 클럽 등 사회 자원을 활용할 경우 자폐인들은 익숙하지 않은 환경이나 분위기에 불안과 공포를 느껴, 처음 다니기 시작할 때는 그와 같은 상황의 학습과 활동을 즐기지 않을 뿐 아니라 지도를 거부하기도 한다. 실제로 그런 태도를 보이는 경우가 더 많다.

그럴 때 이런 장소나 활동이 그 자폐인에게 적절하지 못하다고 속단하는 것은 성급한 생각이다. 자폐인들은 충분히 숙달된 활동만을 즐기는 특성이 두드러지므로, 무엇이든 즐길 수 있게 되기까지 꾸준히 지도하고 지원한다는 기본 자세를 가지고 대해야 한다. 특히 맨 처음에는 그들이 그 공간의 분위기에 익숙해지기까지 적극적 지도는 삼가면서 기다려 주고, 새로운 환경에 대한 불안이나 거부감이 줄어든 후에 천천히 지도를 시작하는 것이 좋다. 자폐인들은 무슨 일에서나 기분 전환이 어렵고, 익숙해지는 데 시간이 걸린다.

그러나 충분히 예측하고 이해할 수 있게 된 일에 대해서는 별로 주저하지 않고 실행한다는 특성을 살려 사전에 그림이나 사진을 준비해서 설명하면 의외로 순조롭게 새로운 활동을 시작할 수 있다.

이러한 시각적 정보를 이용한 설명은 최근 병원 진료에 응용되는 사례가 많아졌다. 치과 치료 등의 사전 준비로 빼놓을 수 없다고 할 만큼 중요하다.

그런 한편으로 자폐인들에게 여가 활동을 가르칠 경우 뜻밖의 결과에 종종 놀라게 된다. 그것은 그들이 일단 습득한 기능이나 활동에 곧잘 과도하게 몰두하거나 집착을 보인다는 점이다.

때문에 마음에 드는 어떤 음식을 스스로 요리할 수 있게 된 후,

어머니가 준비한 식사를 하지 않고 심한 편식을 고치려고 하지 않는 경우도 있다. 또 가족이 외출하거나 잠깐 한눈을 판 사이에 좋아하는 요리를 하려고 불을 사용하는 등 화재의 위험을 걱정해야 하기도 한다.

그런 의미에서는 자폐증이라는 특성과 사람들 각자의 개성을 잘 생각해서 여가 활동 종류를 선택, 지도해야 하는데, 음악이나 영상 감상, 수예 등은 무난한 여가 프로그램이라 할 수 있다.

◢ 인간관계와 사회성

자폐인들은 상황 변화에 임기응변으로 대응하는 것이 아주 힘들다. 그로 인해 인간관계가 어렵고, 사회성을 쉽게 익히지 못한다. 사회성을 학습하고 발달시키기 위해 일본은 물론 유럽과 미국에서도 열심히 시도되어 온 통합교육도 극히 일부의 고기능 자폐인 이외에는 성과를 올리지 못했다. 또한 고기능이나 아스퍼거 증후군인 사람들에게조차 장기적으로 보면 불행한 결과를 초래하는 경우가 적지 않다. 명백히 역효과였다고 생각되는 케이스도 결코 적지 않다.

원래 그들은 노멀라이제이션이나 사회성 학습이라는 명목으로 지도되는 교육 활동은 결코 좋아하지 않으며 상당히 신중하게 지도하지 않으면 고통을 겪는 듯이 보이기도 한다.

그러나 여가 활동에서 친밀한 사람들과 함께 즐길 수 있다면 그보다 좋은 것은 없다. 사람들은 친한 사람과 서로 공감하는 활동을 통해 자연스레 여가를 즐긴다. 자폐인들의 여가 활동도 조금이라도 많은 사람들과의 관계를 통하여 사회적 활동으로 확장시켜 가도록 지원했으면 한다.

하지만 이 경우에도 본인이 즐겁다고 느끼는 것이 가장 중요하며, 고통이나 불안을 느낀다면 성과는 오르지 않을 뿐 아니라 후유증이라고도 할 만한 트라우마가 되는 경우도 있기 때문에 충분한 배려가 필요하다.

노스캐롤라이나에서 티치 프로그램을 도입한 학교 교육에서는 역통합(reversed mainstreaming)이라고 하는 교육법이 활발히 실시되고 있었다. 일반 학급(regular class)의 아동이 자폐 아동을 위한 특수학급(special class)에 와서 교사와 협조하여 학습을 돕는 것이다. 매주 정해진 시간에 대체로 정해진 아동들이 각자 정해진 자폐 아동에게 온다.

양자의 관계가 학습이나 게임 등을 통해 습관화되어 안정이 되고 자폐 아동의 기능이 향상되면 파트너 아동의 판단이나 추천으로 미술이나 음악 등의 수업에 자폐 아동을 자신들의 일반 학급으로 초대하여 교류 교육이 이루어진다. 물론 양쪽 학급 담임교사 간 합의가 전제된다.

자폐인들의 여가 활동을 사회적 활동으로 확장시키는 경우에도 이 역통합에서 일반 통합으로 발전시키는 것과 같은 발상과 방법을 응용할 수 있다. 중요한 것은 파트너의 역할을 누가 담당하는가 하는 것이다.

필자의 경험으로는 제4장에서 소개했듯이, 자폐인들의 일반 취업에 대해서는 취업 지원 센터나 생활 지원 센터의 스태프가 파트너로서의 역할을 담당하지만 사회자원을 활용하는 여가 활동에서는 부모나 자원봉사자들에게 기대하는 경우가 많다. 자폐인은 옆에 있어서 충분히 안심할 수 있는 사람이 유도해 주면 익숙하지 않은 상황에서도 그다지 심하게 경직되지 않고 어느 정도 심리적 유연성을 가질 수 있다. 따라서 친숙한 사람과 함께 있으면 그만큼 짧은 기간에 새로운 환경에서의 활동에 익숙해지고 능숙해질 수 있다.

대인 관계나 사회성을 중시한 여가 활동으로 자폐인들을 안내하는 데는 음악을 이용한 놀이나 프로그램도 좋다. '가정 내 여가 활동'에서도 나타났듯이, 많은 자폐인들은 유소년기부터 음악에 친숙하다. 그렇기 때문에 음악을 매개로 한 놀이에서 사회적 교류를 연습하면서 여가 활동을 즐길 수 있도록 지원하는 방법은 필자 주변에서도 성과를 올리고 있다.

예를 들면, 음악 전문가가 어머니들의 그룹 활동을 돕는 형식으로 음악 놀이나 음악요법 프로그램을 매주 정기적으로 개최하여 많은 부모와 자녀들이 기대에 부풀어 참가하고 있다. 자폐인들과 기타 발달장애인들 가운데에는 정기적으로 즐기는 여가 시간의 사회적 그룹 활동은 그 음악활동밖에 없다는 사람들도 적지 않다.

그와 같은 활동에 음악을 제공하는 등 협력하는 사람들 중에는 음악가 개인도 있지만, 그 외에 고등학교나 대학의 서클 활동으로 다양한 음악을 하고 있는 청년들이나 일반 시민으로 구성된 음악 그룹도 있다.

참가자가 매회 일정한 회비를 모아 다과와 음료를 준비하여 다 함께 음악을 감상한 후 교류하는 유형의 모임이나, 음악에 맞춰 리듬 놀이나 스킨십을 하는 음악 놀이 스타일의 모임 등 지도자나 지원자, 참가자의 기능과 기호에 맞춰 여러 다양한 활동이 가능하다.

티치 프로그램 중에서도 노스캐롤라이나 대학 학생 합창단 단원들이 자원봉사 활동으로 자폐 청년들에게 자신들의 음악을 정기적으로 들려주고 친밀한 교우 관계를 유지하고 있다. 필자도 그들의 파티에 몇 번 초대되어 합창을 들은 적이 있다. 자폐 청년이 앙코르를 요청하여 합창단이 거기에 화답하는 것을 보고 그 친밀한 교류에 매번 감동했다.

다른 자폐인들과의 파티에서는 노스캐롤라이나주 출신으로 뉴욕을 중심으로 활약하고 있는 컨트리 웨스턴 음악 그룹 '레드 클레이 램블러스(Red Clay Ramblers)'의 공연을 즐기기도 했다. 티치 프로그램으로 지원받는 자폐 청년들은 이런 기회를 매달 정기적으로 누린다.

그 외의 사회적 그룹이나 서클 활동으로 부모나 자원봉사자들과 함께 따뜻한 계절에는 산속 트레킹, 겨울에는 스케이트를 즐기는 사람들도 있고, 여러 영역의 전문가 협력을 얻어 수예, 도예, 사진 등에서 즐거움을 찾는 사람들도 있다.

현재 필자가 근무하고 있는 가와사키 의료복지대학에도 학생이 지역의 부모 모임 활동에 호응하여 이와 닮은 다양한 활동을 계속하고 있다.

어떤 것이든 자폐인들의 여가는 그 활동이 정기적, 습관적이 되지 않으면 즐길 수 없다는 것을 지도하는 사람들은 명심해야 한다. 그리고 되도록 스스로 혼자 참가하거나 활동할 수 있게 되어 주위 사람들과 교류하면서 즐길 수 있도록 지원할 수 있다면 더할 나위가 없다.

◢ 생활 무대를 확장시키기

자폐인들은 습관이나 일과가 된 활동이나 예측 가능한 상황에서 예정대로의 일을 하고 있을 때 가장 안심하고 있는 것으로 보인다. 그런 점에서 그들에 대한 치료교육이나 생활 지원의 궁극 목표는 한 사람 한 사람의 개성과 기능에 맞추어 되도록 내용이 풍부한 생활 시나리오를 만들어 그 생활을 연기할 수 있도록 지원하는 것이다.

자폐인들이 그것을 기대하고 기쁨을 느낄 수 있다면 시나리오 안에 애드리브의 요소를 다양하게 포함시키면 된다. 내용과 양적, 질적인 면에서 풍부한 활동, 다양한 공연자, 조연자, 거기에 생활 드라마를 떠받쳐 주는 스태프를 만나 생활 무대의 공간을 확장시키도록 지원하는 것이 그들에 대한 사회적 활동의 지원이며 치료교육의 진정한 목적이다.

사회 활동을 지원하는 것은 사회적 적응 능력을 강화시키기 위해 여러 가지 사회적 기술의 구체적 레퍼토리를 습득하도록 지원하는 것이다.

◢ 숙달된 여가 활동을 사회 활동으로

예전에 자폐 아동의 인간관계나 사회적 집단 활동을 지도하기 위한 전제라도 되는 듯이 믿어졌던 것이, 시선을 맞출 수 있도록 하기 위한 놀이치료나 그저 집단 적응을 위해 동료들 속에 있도록 연습하는 통합교육이다. 하지만 이런 방법으로는 자폐 아동의 자발적이고 자립성 있는 사회 활동을 지원하는 것이 쉽지 않다.

그보다 우선, 그들이 스스로 흥미를 갖거나 혼자서 충분히 할 수 있을 정도로 습득한 활동을 주위에 동료나 일반인들이 있는 사회적 상황에서 안정되어 실행할 수 있도록 지도하고 지원하는 것이 중요하다. 그러기 위해서는 그들의 활동이 처음부터(혹은 장기간에 걸쳐서) 주위 사람들에게 받아들여질 수 있는 것이어야 한다. 적어도 주위 사람들에게 폐가 되지 않는 활동을 가능한 안정되고 즐겁게 할 수 있어야 한다.

집단과 사회 환경 속에서 몇 가지 활동을 흥미를 가지고 할 수 있게 되면 다음에는 그들의 행동이 주위 사람들로부터 자연스럽게 받아들여지도록 변용하고 발전시켜갈 수 있게 지도한다. 동시에 일반인들에게는 자폐인들과 그 활동을 받아들여 주도록 적극적으로 촉구해야 한다.

필자의 주위에 있는 자폐 청년들 중 아주 많은 사람들이 이렇게 해서 수영 교실이나 각종 스포츠 클럽, 도예 교실, 수예 교실 등 취미 서클, 요리나 양재, 컴퓨터 교실 등을 이용하고 있다.

또한 노스캐롤라이나에 가면 더 많은 사람들이 레스토랑, 볼링장, 게임 센터, 햄버거 가게, 미용실, 이발소, 슈퍼마켓, 야구장, 영화관 등을 혼자 이용하거나 몇 명이 그룹을 이루어 안내자를 동반하거나 동반하지 않고 가서 정말 익숙한 듯 활기차게 즐기고 있다.

티치 프로그램에서는 기능 수준에 관계없이 모든 청년에게 그들 개개인의 기술을 보다 사회적으로 의미 있는 활동으로 발전시키도록 필요에 따른 구조화 방법을 구사하여 효과적으로 지도한다.

◢ 사회적으로 연결되는 여가 활동

자폐인들은 충분히 습득한 것을 습관적으로 실행할 때 즐거워한다고 되풀이하여 설명했다. 이것은 자폐 아동이 학교나 가정에서 정해진 작업 시스템에 따라 학습하고 일하는 쪽이, 그저 자유 시간이 주어져 무엇을 할지 모르는 경우보다 안심하고 즐겁게 지낼 수 있는 것과 마찬가지이다. 그들은 예측 가능한 상황에서 지내는 것을 좋아한다.

앞에서도 말했듯이 가정 내 자유 시간을 혼자서 잘 보낼 수 있는 자폐인들이 매일 안정된 생활을 하고 있음이 관찰되었다. 그 여가 활동을 사회적 상황에서, 여러 사람들 속에서, 가능하면 다양한 관계를 가지면서 할 수 있도록 내용이나 상황을 확장시킨다면 그만큼 그들의 삶을 풍성하게 할 수 있을 것이다.

자폐인들은 여가 활동을 위한 기술을 습득하는 것이 쉽지 않고 다른 사람과의 의사소통이나 인간관계가 대단히 어렵기 때문에 사회적 활동에서 곤란을 겪는다. 그런 만큼 이 두 가지 요소를 지도하고 지원하는 것은 자폐인들의 치료교육에서 가장 중요한 과제이다.

실제 지도에서는 치료교육자와 자폐인들의 가족이 잘 협력해야 한다. 사회적 활동으로 연결되는 여가 활동 기술을 가정과 학교에서 잘 습득하도록 지도하여 그것을 사회적 상황으로 확대해서 적용시킬 수 있도록 돕는다.

예를 들면 가정과 학교에서 서로 협력하여 자폐 아동이 음악 몇 곡을 듣는 습관을 들이게 한다. 그러고서 이 음악에 아주 익숙해지면 자원봉사자 음악 그룹이 연주를 해서 정기적 공연을 즐길 수 있게 한다.

또한 부모나 교사가 미리 자수나 편물을 가르쳐 조금 익숙해졌을 때 수예 교실에 다니게 하는 방법도 있다.

사회적 활동이 어느 정도 가능해져 다른 사람들과 함께 있는 환경에서 몇 가지 여가 활동을 즐길 수 있게 되면 새로운 활동을 지역 사회 속에서 준비 과정 없이 곧바로 가르치는 것도 시도해 볼 만하다. 앞에서 언급한 볼링장, 도예 교실, 요리 교실 등의 이용을 들 수 있다.

◢ 기능과 발달 정도에 맞춘다

사회적 활동은 의사소통 활동과 공통점이 많다.

티치에서는 의사소통 활동을 지도하는 것과 같은 개념으로 사회적 활동을 지도하고 있다. 즉, 자폐인들 개개인의 기능과 발달 정도에 맞추어 각자의 사회적 활동을 선정한다.

기능 수준을 무시한 지도는 그들에게 괴로움과 혼란을 줄 뿐이고, 분노발작이나 부적응 행동 등 역효과를 내기만 한다. 의사소통의 경우, 구어에서부터 몸짓이나 상대의 손을 잡아 끄는 행동 등에 이르기까지 다양한 단계로 나누어 수준을 분석했듯이, 사회적 활동도 기능 수준을 설정, 분석하여 지도에 활용한다.

사회적 활동으로 무엇을 어떻게 가르칠 것인가 하는 문제에서 또 한 가지 중요한 관점은, 자폐인들은 갑자기 누군가와 협조해서 활동하는 것을 힘들어 하므로, 활동 내용에 있어서 혼자서도 할 수 있으며 동시에 다른 사람과도 함께 할 수 있는 것을 선택한다. 처음에는 여가로 즐길 수 있고, 머지않아 사회적 활동으로 발전시킬 수 있는 활동을 선택하여 지도하는 것도 중요하다.

자폐인들은 평소 익숙하지 않은 장소나 상황에서는 불안과 긴장으로 유연한 기능을 잃기 일쑤이므로, 아주 친숙한 곳에서 여가 활동 같은 사회적 활동을 연습 삼아 배운 뒤에 서서히 사회적 상황에 적용시키는 방법을 취한다.

한편으로 그들은 어떤 특정한 상황에서 특정인의 지도로 연습한 기술을 다른 장소나 상황에서 잘 응용하지 못한다는 특성을 가지고 있다. 그렇기에 처음부터 여가 활동 지도를 지역사회 안에서 지도하는 방법도 의미가 있다.

그런데 이 방법은 지도를 너무 서두르면 역효과가 나서 오히려 나중에 사회적 활동을 힘들게 할 수도 있다. 주위에 사람들이 많거나 예측하지 못한 일이 일어났을 때 심한 혼란이나 공황 상태를 겪지 않게 되었는지 잘 평가하여 지도에 임해야 한다. 혼란이 있다면 그 정도와 내용에 맞춰 충분한 구조화 방법을 사용하여 지원해야 한다.

◢ 자주적 활동의 지원

사회적 활동이란 그저 사회 속에 섞여 있는 것을 의미하는 것이 아니다. 습득한 기술을 의욕적으로 사회적 상황에서 활용하여 그 활동에 기쁨을 느끼는 것이어야 한다. 치료교육자가 억지로 사회 속에 데리고 다니는 식이면 그것은 사회적 활동이라고 할 수 없다. 자폐인들에게 고통이 되고 아무 즐거움이나 감동도 느낄 수 없는 것은 사회적 활동으로서 가치가 없다.

많은 사람들 속에서 어떤 활동을 한다는 의미에서 비교적 기능 수준이 높은 사람에게 음악회를 즐길 수 있도록 지도할 경우, 필자는 우선 그 사람이 일상적으로 선호해서 듣는 음악의 곡목을 조사한다. 그리고 그 음악 장르를 연주하는 아마추어 음악 그룹 단원들의 협력을 얻어 그 자폐인이 좋아하는 음악을 연주해 주도록 의뢰

한다. 또한 그가 그룹 연습장을 때때로 찾아가 연주자들과 음악 양쪽에 친밀감을 서서히 강화시켜 갈 수 있도록 한다. 마지막으로 그룹 콘서트에 음악을 들으러 가는 순서를 밟는다.

이런 과정을 거쳐 음악회를 즐기게 된 청년들을 필자는 여러 명 알고 있다.

그러나 자폐인들 다수가 처음부터 이런 기능 수준에 있을 리가 없기 때문에, 앞서 언급했듯이 티치 프로그램에서는 기능 수준이 높지 않은 사람들에게도 의사소통 활동을 지원하는 것과 같은 방법으로 사회 활동을 주의 깊게 지도하고 있다.

즉, 의사소통 방식을 분석하듯이 몸짓에서부터 구어에 이르기까지 여러 단계의 기능 수준을 평가하도록 한다. 사회적 활동에 관한 기능 수준에 대해서도 상황과의 관계에서 관찰, 분석, 평가한다. 그러고 지도를 할 때는 그들에게 과도한 불안과 혼란을 주지 않도록 신중하게 접근한다.

사회적 활동의 연습은 다른 사람들 곁에서 무엇인가를 하는 것에서부터 시작하여 그런 사람들과 의사소통하고 공감하면서 활동할 수 있도록 발전시켜 간다.

티치 프로그램에서는 초등학교 무렵부터 아동의 기능에 맞춰 역통합 교육을 실시한다. 일반인들과 함께하기 위한 최초의 교육이다. 식사, 간식, 게임, 그림 그리기, 아이스크림 만들기, 교실 청소 등의 활동을 함께 하면서 다른 사람의 곁에서 안정된 상태로 있을 수 있게 하며, 활동 그 자체를 다른 사람과 함께 즐길 수 있도록 지도한다.

동료와 함께 간단한 활동이라도 즐길 수 있게 되면 다음은 순서를 기다리는 등 규칙이 있는 놀이나 활동을 규칙을 지키면서 할 수 있도록 서서히 가르친다. 규칙 중에서도 순서를 기다리는 행위는 다양한 사회적 활동에 응용할 기회가 많으므로 티치 프로그램에서는 놀이 시간이나 바깥 활동에서 장보기 등의 시간을 이용하여 자주 지도한다.

일반적으로 자폐인들에게 사회적 활동은 혼란을 일으키기 쉽고, 즐겁게 할 수 있는 것은 아니다. 주위 사람들의 행동을 예측 못 하는 경우가 많고, 예상하지 못한 상황이 많기 때문이다. 게다가 정보와 자극이 너무 많은 것도 그들에게는 불편한 상황이므로 자주 고통을 느낀다. 그러므로 활동 내용과 상황을 처음에는 되도록 일정하게 해서 그 활동을 충분히 익힐 수 있게 되고 여유와 즐거움을 가지고 임할 수 있게 된 후에 활동을 확장시켜 가도록 배려하면서 지원해야 한다.

● 조리 활동도 여가 활동이 될 수 있다. 샌드위치 만들기에서는 만드는 법을 보여 주는 견본 사진과 함께 재료를 왼쪽에서 오른쪽으로 늘어놓아 혼자서 만들 수 있도록 지도한다. 이렇게 하면 아동들은 자립적으로 시도한다.

사회적 활동의 적절한 교육은 자폐인들의 여가 활동을 확장시키고 나아가 다양한 자립적 생활을 가능하게 한다. 뿐만 아니라 일반 시민이 자폐인들에 대해 잘 알고 받아들이게 한다는 점에서도 대단히 의의가 깊다. 자폐인들의 사회통합을 가능하게 하고, 노멀라이제이션을 실현하기 위해서는 이러한 과정을 공들여 진행시켜야 한다. 교육이 그런 방향으로 기능하지 않는다면 의미가 없다.

제 **6** 장

◆ TEACCH ◆

고기능 자폐증 · 아스퍼거 증후군과 티치

TREATMENT AND EDUCATION OF AUTISTIC AND RELATED COMMUNICATION-HANDICAPPED CHILDREN

6장 고기능 자폐증 · 아스퍼거 증후군과 티치

◢ 고기능 자폐인에게도 나타나는 같은 특징

티치 스태프들은 고기능 자폐증과 아스퍼거 증후군을 특별히 명확하게 구분 짓지 않는다. 오히려 지적장애를 동반한 기능이 높지 않은 자폐증과 그 특성에서 본질적으로는 다르지 않다고 생각한다.

그런 기능에 따른 구분보다는 넓게 보아 자폐증이라는 특성을 가진 사람으로 파악한다. 또한 자폐증이라는 틀에 맞추기보다 개개인의 특성을 소중하게 생각하여 진단과 평가에 신경을 쓴다. 학교나 사회에서 그룹 활동을 하고 있어도 교육과 지원은 본질적으로 개별화된 프로그램에 기초하여 이루어지기 때문이다.

자폐인은 설령 고기능이라 할지라도, 개인차는 있지만 자폐증의 특성을 분명히 가지고 있다.

흥미, 관심, 인식이 좁은 부분에 집중되기 쉽고, 말을 유창하게 구사하는 것 같아도 의사소통이 서툴다. 상대방의 마음을 헤아리는 것도 기능이 낮은 사람과 마찬가지로 서툴고, 다른 의도가 있어서 그러는 건 아닌데 늘 자기 방식대로이고 눈치가 없다.

상상력을 발휘하기가 어렵고, 규칙이나 상식을 잘 익히지 못하며. 사회성이 부족하다.

지금까지 반세기 이상에 걸쳐 연구자나 임상 전문가가 밝혀 온 이런 특성은 최근 많이 접하게 된 고기능 자폐인의 발언이 뒷받침해 주고 있다. 이런 점에서도 티치가 고기능과 아스퍼거, 나아가 기능이 높지 않은 자폐인을 기본적인 부분에서 구별하지 않는 이유를 이해할 수 있다.

◣ 시각적 세계

티치 프로그램의 실천에서는 시각적 구조화 방법이 대단히 중시된다. 그 유용성은 자기 의사를 구어나 문자에 의한 문장으로 자유롭게 표현할 수 있는 고기능 자폐인에 의해 실증적으로 밝혀지고 있다.

콜로라도 주립대학의 교수인 템플 그랜딘(Temple Grandin)은 《나는 그림으로 생각한다》(홍한별 옮김, 양철북)라는 저서로 잘 알려져 있다. 이 책에 따르면, 말로 생각하는 것은 어렵고 말은 머릿속에서 영상으로 가공된다.

필자에게 문자로 보내온 고기능 자폐인의 메시지에도 이런 시각적 우위를 나타내는 내용이 많다. 손으로 쓰건 인쇄되었건 문자화된 것이라면 전체를 한순간에 훑어볼 수 있고, 상대가 말하고자 하는 것이나 결론을 찾아내는 것을 비교적 간단하게 해낼 수 있다는 사람이 있다.

이 사람에게 일반인 친구가 몇 명 있어서 이메일로 연락을 주고받는데, 때에 따라 상대가 직접 만나 이야기하고 싶어 한다는 것이다. 상대는 호의에서 그러는 것이지만, 문자라면 간단하게 소통할 수 있는 것을 입말로 바꿔 대화를 하는 것은 힘이 들기 때문에 그럴 때마다 "우울해진다"고 한다.

또한 필기시험에서는 우수한 성적을 내는 대학생이 그룹 과제를 하면 토론에 참여하지 않아서 동료들로부터 배제되는 경우가 흔히 있다. 이런 학생의 다수는 토론에 참가를 안 하는 것이 아니라 못하는 것이라고 한다. 말을 주고받는 것이 서툰 사람들에 따르면, 상대 방이 사용하는 말의 발음과 억양이 각각 다르고 사용되는 단어 종 류나 사물을 묘사하는 방법도 다르기 때문에 상대방이 말하고자 하는 것을 이해하는 데 굉장한 노력이 필요하다고 한다.

그런 노력에 대해 필자에게 직접 메일로 다음과 같이 가르쳐 준 사람이 있다. 즉, 말의 경우 문자를 읽는 것과 달리, 상대가 말한 단 어를 일정 기간 기억해서 이해를 한 후에 그 의미를 분류해야 하고, 더구나 그 와중에 자기가 무엇을 어떻게 대답할지도 생각해야 한 다는 것이다.

언젠가 템플 그랜딘이 자신에게는 그림이 모국어와 같은 것이 고, 말은 외국어처럼 처리하기 힘든 것이라고 필자에게 가르쳐 준 적이 있다.

캐롤 그레이가 오랜 교사 생활의 경험에 기초하여 소셜 스토리 라는, 간결한 문장과 삽화에 의한 표현으로 사회의 규칙과 상식을 전하려고 했던 이유를 잘 이해할 수 있다.

벌써 10년 전 이야기이지만, 자유롭게 말을 할 수 있는 것처럼 보이는 고기능 아동에게 시각적 교육과 지원이 왜 필요한지 이해 할 수 없다고 사람들은 비난했다. 그들은 한결같이 그런 교육을 하면 말의 이해와 표현 양쪽에서 발달이 늦어진다고 주장했었다.

▲ 흥미·관심·인식의 초점이 좁다

자폐 아동은 흥미나 관심이 좁은 분야에 치우쳐 있어서 다른 곳으로 관심을 돌리기가 어렵고, 집착과 고집을 보이기 쉽다고들 한다.

고기능이나 아스퍼거 증후군을 가진 사람들에게서도 그런 경향은 변함없이 나타난다. 그것을 그들은 자신의 말로 훌륭하게 설명해 주었다.

벨기에 앤트워프에 있는 자폐증 센터의 테오 피터스(Theo Peeters)가 들려준 것인데, 어느 청년은 쇠망치를 봤을 때 처음부터 쇠망치라고 알아채지 못한다고 한다. 우선 그 물체의 맨 앞 쇳덩어리만을 본다. 그러고는 그 다음에 쇳덩어리 옆에 나무 방망이가 가로놓여 있는 것을 깨닫는다. 그 두 개가 연결되어 하나의 물체로 되어 있다는 것을 깨닫는 것은 그 후이며, 전체가 T자 모양으로 되어 있는 것을 인식하는 것은 그보다도 더 나중이라고 한다.

앞에 소개한 그랜딘도 저서에서 언급했는데, 누가 백지 한 장을 보여 주었을 때 처음에는 표면이 매끈하다는 것만 본다고 한다. 그것이 하얗다고 깨닫는 것은 그 다음이며, 평평하다든가, 얇다든가, 전체가 사각형이라는 것은 차례차례로 해독해 가듯이 이해한다고 한다.

그저 종이 한 장을 인식하는 데에도 이 다섯 개의 정보를 각각 해독해서 끌어모은 후에, 매끄럽고 평평하고 얇은 사각형 종이라는 인식을 한다는 것이다.

그들의 관심, 흥미, 인식은 한정된 좁은 곳으로 강하게 향한다.

그것과 관련하여 티치에서는, 자폐인은 여러 개의 정보를 동시에 처리하는 것이 힘들다고 설명한다. 티치에서 작업 시스템(work system)이나 과제 구성(task organization)과 같은 방법으로 자립 과제를 시각적으로 순서를 정해 구성하는 것은 그러한 자폐인의 특성을 알고 있기 때문이다.

▲ 일정표의 의의

1982년에 필자가 처음으로 노스캐롤라이나를 방문했을 때부터 티치 교실에서는 반드시 개별 아동이 이해할 수 있는 방법으로 개별적인 시간표(스케줄)가 그림, 문자, 실물 등과 함께 시각적으로 제공되었다.

시간 개념이 부족한 아이들이 많아서 "그들은 모두 지금 여기(here and now)를 살아가고 있다"는 표현을 써서 교사가 설명해 주었던 기억이 난다. 언제 무엇이 일어날지 알 수 없는 환경에서 안정되어 지낼 수 있는 아이는 한 명도 없다. 또한 예정을 이해할 수 있게 된 아동이 예정 변경으로 빠지게 되는 혼란이 얼마나 큰일인지도 상상을 초월한다. 쉬는 시간에는 무엇을 하면 좋을지 모르는 채 혼란이나 부적응 상태를 보이는 아동도 많다.

그러므로 교사에 따라서는 수업에서 자립 과제를 하는 것과 마찬가지 방식으로 쉬는 시간을 보내는 방법을 가르치는 경우도 있다고 한다. 자유 시간에는 무엇을 어떻게, 언제까지 해도 좋을지 알 수 없기 때문에 혼란스러워하는 경우가 많다고 설명해 주었다.

이렇게 노스캐롤라이나에서 배운 것을 필자는 기능이 높지 않은 아동의 학급에서 심화시켜 왔다. 최근에는 매일 고기능 자폐인을 대하는 일이 많아졌는데, 고기능이나 아스퍼거 증후군인 사람도 똑같았다.

회사를 다니고, 결혼하고, 태어난 자폐아를 키우며 갖가지 어려움을 해결하면서 살아가고 있는 고기능 자폐증 여성이 있다. 언젠가 직장에서 회의에 참석한 뒤, 회의가 일찍 끝났기 때문에 커피라도 한잔하자는 권유를 받았다고 한다. 이것이 '예상 외의 사건'이었다. 그러니까 "어떻게 대답하면 좋을지 몰랐다"고 한다. 평소에는 어떤 식으로 말을 걸어오면 어떻게 대답한다는 식으로 대략 대답을 준비해 두지만, 그 당시는 회의가 일찍 끝난다는 것만 사전에 들었기 때문에 아무것도 생각 못 하고 참석했다.

대답이 궁색하면 이상한 사람으로 여길까 봐 일단 "네" 하고 대답하고, 몇 사람과 함께 찻집에 갔다. 이어서 무엇을 마실 것인지 질문을 받았는데, "뭘 마시고 싶어서 따라온 게 아니"었기에 어떻게 대답을 해야 할지 몰랐다. 어쩔 줄 모르고 있던 차에, 옆자리에 앉은 사람이 "전 커피요"라고 하기에 "저도 같은 걸로요" 하고 대답함으로써 곤경에서 벗어났다고 말했다. 그러고는 "저는 커피를 싫어해요"라고 말했다.

예정에 없던 일이 일어났을 때 얼마나 곤혹스러웠을지 눈에 선하다. "저에게는 매일 이런 힘든 일이 끊이지 않고 일어납니다"라고 한다.

왜 티치가 '예정'과 '휴식/자유' 시간의 균형 잡힌 조절 방법을 학생들에게 가르치는 데 노력을 기울이고 있는지, 고기능 자폐인이 그 의미를 구체적으로 알려준다.

어떻게 하면 예정된 일을 잘 해내면서 쉬는 것을 양립시킬 수 있을까? 예를 들면 살고 있는 집 근처에 수면방이 있는데 안마 의자가 있고, 좋아하는 음악을 들으며 잘 수도 있다. 알람 설정도 할 수 있다. 인터넷에서 알게 된 고기능 자폐인에게 이런 수면방에 가는 것을 예정으로 세우는 게 어떻겠냐고 조언하는 사람이 있었다.

예상 못 한 일이 일어나는 장소에서는 아무리 조용히 있어도 쉴 수 없다. 전화벨이 울리는 데다 방문자가 있을지도 모른다고 생각하면 쉬는 시간이 아니라 오히려 마음이 진정되지 않는 피곤한 시간이 되어 역효과가 난다고 한다.

자폐 아동이 학교에서 수업 중일 때보다 쉬는 시간에 부적응 행동을 보이기 쉬운 것은 기능이 높고 낮은 것과 상관없다. 본질적으로 자폐인이 가지고 있는 공통된 특성이다.

그렇기 때문에 스스로 모든 시간을 일정표에 빽빽하게 채워서 겨우 평온함을 느낀다는 사람이 있고, 그로 인해 지쳐서 언제나 피곤하다는 사람도 있다.

직장이나 집안일을 지쳐 쓰러질 때까지 계속한다는 사람에게서 이 이상 계속하면 안 된다는 피로 한도를 측정하려면 어떻게 하면 좋을지 가르쳐 달라는 질문을 받은 적도 있다.

옆에서 적당한 거리를 두면서 붙어 있는 지원자가 작업과 휴식의 배분을 포함해 일상적 일정표를 만드는 법을 가르쳐야 한다. 이런 특징은 기능이 높고 낮은 것과 관계없이 자폐인에게는 다양한 형태로 나타날 수 있기 때문에 보호자나 교사, 직장 동료 등 지원자가 잘 알아 두어야 한다.

과거의 고통스러운 체험 등을 플래시백(정신적 외상을 남긴 과거의 사건이 갑자기 생생하게 되살아나 현재 다시 겪고 있는 것처럼 느껴지는 현상 – 옮긴이)하는 사람 가운데, "그 괴로운 일을 기억하지 않기 위해 스스로에게 생각할 시간을 주지 않는 것이 가장 좋다는 것을 안다"고 말하는 사람이 있다. 그러므로 자신의 일정표를 일분의 틈도 없이 철저히 빽빽하게 채워야 한다는 것이다. 그 일정표를 보는 사람은 활동이 너무 많으니까 휴식을 취하고 더 자라고 조언하지만 한 번 정해진 것을 임기응변으로 바꿀 수 없다고 한다.

티치 교육은 학생 시절부터 아동의 기능이나 선호 사항을 고려하고, 가족의 희망 사항에도 귀를 기울이면서 교육 과제의 내용과 일정표의 형태를 중시하는데, 거기에는 깊은 의미가 있다.

이해성 없는 교사 가운데는 학교를 졸업하여 사회에 나가면 아무도 일정표의 시각적 제시 같은 것을 해 주지 않는다면서 이런 지도를 거부하는 사람이 있다. 그러나 그런 교육자에 의해 자폐인이 얼마나 고통받아 왔는지 우리는 지금 이런 고기능 자폐인의 증언을 통해 다시금 알 수 있다.

◢ 동시 통합 기능의 문제

고기능 자폐인이나 아스퍼거 증후군인 사람은 시각적, 구체적, 개별적인 것에는 특히 고기능을 발휘하는 경우가 많다. 규칙이나 법칙이 명확한 문제를 처리하는 능력도 높다. 그래서 이과 계통 공부를 특히 잘하는 아이들도 많다.

즉 구체적 문제를 규칙대로 하나하나 처리해 가는 능력은 뛰어나다. 따라서 유소년기부터 직소 퍼즐이나 블록 놀이를 능숙하게 하고, 컨센트레이션(concentration. 카드게임의 일종. 카드를 뒤집어 배열해 놓고 한 번에 두 장씩 뒤집어서 두 장의 카드가 짝이 맞으면 회수하고 맞지 않으면 되돌려 놓는다. 카드를 전부 회수할 때까지 최대한 적은 횟수로 뒤집은 쪽이 이긴다. 일본에서는 '신경쇠약 게임'이라고 부른다. – 옮긴이) 같은 카드 게임에도 강하다. 매지컬 넘버라고 해서, 발달검사 등에서 곧잘 하는 몇 단위 숫자 기억하기도 잘한다. 초등학교 때부터 한자 받아쓰기나 숫자 계산은 반에서도 상위에 들거나 아주 뛰어나게 잘하기도 한다. 역사 연표, 도청 소재지, 철도 노선이나 역 이름, 세계 각국의 수도 같은 것들 기억하기, 날짜와 요일 대조하기 같은 것에서는 타의 추종을 불허하는 아이도 드물지 않다.

그러나 여러 개의 정보를 동시에 처리하거나, 여러 기능을 동시에 발휘하는 것은 잘하지 못한다. 예를 들면 질리지 않고 능숙하게 계속 트램펄린 뜀뛰기를 하는 소년에게 줄넘기를 가르치는 것은 어렵다. 팔다리 모두 운동 마비가 없어도 손발을 동시에 움직이려고 하면 대단히 어려운 것이다.

일찍이 《도나, 세상을 향해 뛰어》(도나 윌리엄스 지음, 차영아 옮김, 평단문화사)라는 책의 저자로 세계적으로 잘 알려진 고기능 자폐인 도나 윌리엄스(Donna Williams)가 영국의 어느 자폐증 세미나에 와서 강연한 적이 있다.

그때 그녀는 자신이 모노트랙(mono track)이라는 특성 때문에 여러 가지의 감각을 동시에 사용할 수 없다고 했다. 말하면서 동시에 자신의 이야기를 들을 수가 없는 것이다. 말을 할 때는 말하기만, 들을 때는 듣기만, 이런 식으로 어느 한 가지만을 선택해서 하지 않으면 혼란스러워서 활동이 멈춰 버린다고 하여 청중을 놀라게 했다.

나는 자폐인이 여러 개의 정보를 동시에 처리하거나 여러 기능을 동시에 발휘하는 것이 어렵다는 것을 알고는 있었지만, 자기 자신 내부에서 발생하는 두 가지 기능과 감각을 이렇게 동시에 처리할 수가 없다는 것을 구체적으로 듣고 놀란 기억이 있다.

비슷한 문제로 고등학생, 대학생이 된 고기능 학생이 강의를 들으면서 노트 필기를 하는 것이 대단히 어렵다는 것을 자주 들어서 알고 있었다. 그 경우야 대상이 있는 것이므로 이해를 못 할 것도 없다고 생각했다. 그러나 자신이 말하고 있는 것을 자신이 계속 듣는다는, 전적으로 개인 내부의 상황에서도 같은 일이 일어난다고 그녀가 알려 준 것이다.

이런 문제는 물론 개인차는 있겠지만 많은 자폐인에게 공통된 특징이다. 마치 뇌 내 신경 기능의 배선이 한 번에 하나만, 혹은 좁은 영역의 신경세포(뉴런) 군만 대단히 정교하게 활동한다는 것을 상상하게 한다.

그것은 한 번 확실히 기능하는 것을 습득한 신경 기능 회로는 쉽게 다른 신경 조직과 혼선되지 않고 그 기능을 확실히 기억하여 정확한 재현성을 유지한다는 특성과 연관되어 있는 것 같다. 구체적인 사실에 대한 기억력이 좋은 특성은 그렇게 생각하면 이해할 수 있다.

자주 고집스럽다고도 일컬어지는 강한 집중력이나, 한정된 분야에서 다른 사람이 미치지 못할 고도의 능력을 발휘하는 것도 그 배경에 이런 신경 기능의 구조가 작용하는 것으로 상정된다.

◢ 응용력과 상상력의 문제
확고하게 학습된 지식이나 기능이 정확하게 재현된다는 것은 해당 뇌 내 기억 저장소가 각각 다른 것들과 명확히 구별되어 개별화되어 있다는 것을 보여 준다. 기억의 저장소와 내용이 다른 것과 한데 섞이지 않아 그대로 꺼낼 수 있는 것이다.

그런데 뇌 안에 축적된 지식, 경험, 기능이 다른 것과 섞이기 쉽고 재현성이 부정확해지기 쉽다는 것은 그 나름의 이점이 있다. 필요에 따라 섞거나 구별하는 것을 자유롭게 할 수 있다는 것이 가장 좋은 점인데, 이것은 특별히 뛰어난 뇌 기능을 가진 사람의 경우이다.

대부분의 보통 사람은 그 두 가지 성질을 적당하게 가지고 있어서 건망증이나 기억 착오를 일으키지만, 자폐인이 어려워하는 상상력이나 응용력도 상당히 갖추고 있다.

그렇기 때문에 특정 장소에서 특정 사항을 습득하면 그 지식이나 기술을 다른 장소에서도 활용할 수 있다. 상황이나 조건이 달라져도 같은 종류의 것이라면 그다지 어려움을 느끼지 않고 응용해서 재현할 수 있다.

우리는 일상생활의 많은 상황에서 다른 많은 기회에 학습하고 경험한 것을 필요에 따라 상상적으로, 그리고 창조적으로 응용하고 활용하여 적응하고 있다. 그러나 자폐인은 그와 같은 상황에서 과거의 많은 경험과 맞춰 보는 데에 여러 가지 고초를 겪을 수밖에 없다.

자폐 아동이 학교에서 운동회나 소풍과 같은 비일상적 행사에서 곤혹스러워하며 다양한 부적응 행동을 보이는 이유는 쉽게 활용할 수 있는 일상적, 습관적 지식과 기능이 아니라 뇌의 각각의 저장소나 밑바닥에 넣어 둔 기능을 한꺼번에 많이 꺼내서 활용하기가 어렵기 때문이다.

자폐인은 동시적 기능의 문제에서 이처럼 응용력이 취약한 것으로 나타난다. 응용이나 일반화, 또는 '하나를 보고 열을 안다'와 같은 경우에는 다양한 상상력이 요구되지만 자폐인은 그 상상력이 약하다는 큰 문제를 안고 있다.

그러므로 유치원이나 보육시설 등에서 자주 볼 수 있는 일로, 자폐 아동에게 무엇인가를 하면 안 된다고 주의를 주면 격렬하게 울부짖는 경우가 있다. 보육 교사는 그것을 보고 '자폐아동은 패닉 상태에 빠지기 쉽다'고 하지만 이런 일이 일어나는 본질적인 이유는 무엇을 하면 안 된다고 들은 것만으로는 도대체 무엇을 어떻게 하면 되는지 알 수 없기 때문이다.

예를 들면 물놀이를 그만하자고 전달했다면 그 즉시 모래밭에서 놀자든가 그네를 타자든가 등 물놀이 다음에 무엇을 어떻게 하면 좋은지를 그 아동에게 이해할 수 있도록 전달해야 한다. 무엇인가를 금지하거나 부정하기만 하면 무엇을 긍정하거나 해도 되는지 상상력이 부족하여 순간적으로 떠올릴 수가 없는 것이다. 결코 제멋대로여서가 아니다.

티치에서는 이런 아동의 문제에 대응하는 방법으로, 되도록 '노'는 말하지 않고, '예스'를 전달하도록 유의하자고 한다. '노'를 말해야 할 때는, 재빨리 그 안 되는 것을 대체하여 '예스'라고 할 수 있는 것을 준비한다.

◢ 사회성의 문제

자폐인은 의사소통과 사회성의 문제를 지적받는 일이 흔하다. 이런 문제는 흥미나 관심의 편중을 포함해서 자폐증의 진단 기준이 된다. 영국의 로나 윙은 의사소통, 사회성, 상상력을 자폐증 진단의 세 가지 요소로 들고 있다.

그런데 이 자폐증의 특성들은 서로 관련되어 있다. 달리 말하면 기본적으로는 같은 종류의 특성이다.

특히 사회성은 의사소통과 마찬가지로 모든 순간이 임기응변의 상상력과 동시적 통합성을 요구한다. 교실에서도 직장에서도 혼자 있을 때 평온함을 느낀다는 고기능 자폐인은 많다. '암묵적 이해'라는 것을 이해 못 해서 끊임없이 고뇌한다고도 한다.

혼자 조용한 곳에서 쉬는 시간을 많이 갖지 못하면 자신은 더 이상 살아갈 수 없을지도 모른다면서, 이전부터 공부나 일과 휴식을 양립시키도록 시간 배분을 하는 데 특히 애써 왔다는 사람이 있다. 동시통합 기능의 문제이기도 하다.

또 어떤 사람은 병원 진료를 받을 때 순번이 돌아오자 간호사가 진찰실 문을 열고 자신을 불러들였는데, 입실 후 문을 스스로 닫아야 한다고는 생각하지 못했다고 한다. 열어 준 사람이 닫는 거라고 아주 당연하게 생각했다는 것이다.

같은 장소라도 만난 사람이 다르거나 상황, 일정표, 대화 내용 등이 다르면 그곳은 친숙한 장소가 아니라 처음 겪는 일이 일어난 장소, 즉 전혀 친숙함이 없는 장소가 된다.

"보통 사람들은 방금 온 길을 되돌아 갈 수 있겠지만, 저에게는 온 길을 되돌아 간다는 것이 간단히 할 수 있는 일이 아닙니다"라고 말하는 사람을 필자는 여러 명 만났다. 돌아가는 길은 풍경이 다르게 보이기 때문에 돌아가는 순서를 추측할 수 없게 된다고 한다. 방향을 바꾸지 않고 뒷걸음으로 역행할 수 있다면 틀리지 않고 돌아갈 수 있을지도 모른다고 한다.

자폐인의 시각적 세계에 대한 친화성과, 상상하거나 추리하는 능력이 약한 것을 잘 설명해 주는 표현이다.

티치에서는 고기능 자폐인을 중심으로 그룹을 조직하여, 사회적 활동을 무리하거나 고생하지 않고 실행할 수 있도록 연습하게 하고 지원하는 프로그램을 각 지역 센터에서 실행하고 있다. 그들은 이것을 '소셜 클럽'이라고 부른다. 이미 20년도 더 된 일이지만, 실제 의미는 사회적 기술 훈련 클럽(Social Skill Training Club)이라고 들었다.

자폐인은 고기능이라도, 혹은 자유롭게 말할 수 있게 되더라도, 템플 그랜딘이 말했듯이 그 실상은 제2의 언어, 즉 외국어를 사용할 때와 비슷한 데가 있어서 무엇을 어떻게 말할지 어느 정도 준비를 하면서 이야기하는 측면이 있다.

그러므로 사회적 활동을 할 경우에도 우리들이 낯선 장소나 사회, 때로는 익숙지 않은 외국에 갈 경우와 같은 상황이 끊임없이 생긴다. 그들에게 있어서 하기 쉬운 사회적 활동이란 잘 아는 지역에서, 늘 다니던 장소에서 안심하고 할 수 있는 익숙한 활동으로, 그것도 즐거운 활동임을 지원자는 잊지 말아야 한다.

그와 같은 특성을 전제로 몇몇 지역사회를 특정하여 그 안에서 사회 자원을 활용하는 연습을 밀착해서 지원한다. 그때 불안이나 고통을 느끼지 않도록 유의하면서 가능한 한 즐거운 활동을 할 수 있도록 해야 한다.

자폐인은 주위에 이해심이 깊은 사람이 있는 곳이 아니면 진정으로 안심하여 적응할 수 없다. 그런데 고기능 자폐인들은 진정한 이해자를 만나기란 너무나도 어려운 일이라고 말한다. 그것도 상대가 진정으로 이해해 주는 사람임을 확인할 수 있었을 때만 말할 수 있었다고 한다.

이미 여러 명의 고기능 자폐인에게 되풀이하여 들어 온 이야기이지만, 그들은 한결같이 지원보다 이해해 주기를 바라고 있다. 이해를 못 한다면 결코 교육이나 지원은 하지 말았으면 좋겠다는 것이 그들의 속마음이다. 이해가 결여된 사람에게 교육받거나 지도받는 것이 얼마나 가혹한 것이었는지 말로 형언할 수 없다고 한다.

사회성 발달, 혹은 사회적 적응 행동의 습득이라는 것은 해당 자폐인을 진정으로 이해하는 사람이 밀착해서 장소와 활동을 하나의 세트처럼 연결시켜 그 레퍼토리를 늘려 가는 가운데 체득하게 된다.

물론 누구한테도 지원을 받지 않고, 그것도 사회 속을 오가는 사람들과는 되도록 접촉하지 않는 고립적 방법으로 홀로 더듬어 가며 사회활동을 습득한 사람의 이야기도 들은 적은 있다. 그러나 이런 방법으로 이해해 주는 사람이 없는 곳, 즉 결과적으로는 인간관계를 피한 상태에서 익힌 사회 행동은 사회적 활동이라고 할 수 없다. 또한 사회성 발달로 이어지는 것은 아니라고 본다.

요코하마시 종합 재활센터에는 고기능 청소년들의 '철사랑 클럽'이라는 철도 애호 클럽이 있다. 청소년들은 훌륭한 이해자들인 센터 스태프들에게 둘러싸여 지원을 받으며 친구들과의 사회 활동을 발전시키고 있다.

클럽에는 친구들끼리 인정한 리더가 있는데, 모두와 상담하여 정한 프로그램을 훌륭하게 실천하여 함께 즐기고 있다. 티치 프로그램처럼 좋은 이해자와 지원자의 혜택을 누리는 사례로, 이렇게 이해심 있는 지원을 받아 사회적 활동을 발전시키고 있는 지역의 사례는 확실히 증가하고 있다.

필자에게는 마치 20년 전 티치 프로그램을 보는 듯한데, 당시 티치에서는 오늘날의 일본과 같이 굳이 고기능이라는 것을 그다지 의식하지 않고 실천하고 있었던 것 같다.

◢ 이해해 주는 사람을 찾아서

자폐인은 자신을 이해해 주는 사람에게는 신이 나서 이야기한다. 문자나 문장을 주고받을 때는 더욱 활기가 넘친다. 필자의 가족이 가지고 있는 홈페이지 게시판에는 여러 고기능 자폐인들이 서로 안심하고 문자로 대화하고 있다. 자폐인이 왜 의사소통 장애를 가지고 있다고 하는지 이상하다는 생각조차 든다.

요컨대, 자폐인을 잘 이해하지 못하는 사람과 관계할 때 의사소통 장애와 같은 상태에 빠지는 것이 아닐까. 노스캐롤라이나를 방문하여 티치 클리닉, 학교, 그룹홈, 직장 등에서 자폐인들을 접하면 그런 생각은 더욱 강해진다. 그들은 스태프, 교사, 잡코치들과 말이나 그림 카드로 정말 활기차게 의사소통을 하고 있다.

필자가 근무하는 대학의 대학원생이었던 청년이 학부 때부터 자폐인을 위한 취업 지원에 관한 조사연구를 계속하고 있다. 그는 최근 각지의 고기능 자폐인들에게 인터뷰와 취재를 신청하여 많은 사람들과 만났다. 그들 모두가 한결같이 하는 말은 자신을 이해해 주었으면 좋겠다는 것이었다고 한다. 또한 자폐인은 자신을 진정으로 이해해 준다고 생각되는 사람에게밖에 자신의 마음을 이야기하지 않는다고 한다.

고기능 자폐인은 가족, 급우, 교사 등 주위 사람들로부터 버릇없는 아이라거나, 남의 마음을 헤아리지 못하고 자기가 말하고 싶은 것만 일방적으로 멋대로 이야기한다는 등, 자신을 이해해 주지 않는 말들을 계속 들어 왔다. 그들에게 주위 사람을 이해하라고, 믿으라고 하지만 능력을 벗어난 요구라고 본다.

필자의 가족 홈페이지에서 활발한 대화를 주고받는 사람들의 문장을 보고 있으면 이들이 의사소통 장애를 가지고 있다고 섣불리 말할 수는 없다고 생각한다. 안심하고 의사소통할 상대를 힘겹게 찾아 헤매고 있는 것으로도 보인다. 이들은 모두 서로 진정으로 이해할 수 있는 사람을 찾고 있는 것이며, 그런 사람을 만나게 되면 이렇게 활기차게 교류할 수 있는 것이다.

◢ 2차 장애로 발생하는 정서장애

1970년대 초반까지는 자폐증을 정서장애로 생각하는 전문가가 많았다. 특히 정신분석학 전문가에게는 그렇게 여겨졌다. 자폐증에 관한 국제적 학술지도 정서장애나 소아기 조현병(당시 한국에서는 정신분열증이라는 명칭을 사용 – 옮긴이)이라고 오해했지만 현재는 두 가지 모두 잘못된 생각이었다는 것이 확인되었다.

그러나 이해가 결핍된 양육이나 교육의 결과, 2차 장애로 정말로 정서장애가 되어 버린 사람이 많다는 것도 분명해졌다. 2차 장애의 대표적인 예는 사회성 장애로 나타난다.

그중 하나는 비사회적인 상태에 빠져 심한 은둔형 외톨이(히키코모리) 상태가 되는 것이다. 필자가 근무하는 대학의 스터디 그룹에 오는 가족의 고민이나 호소를 듣고 있으면 10년, 20년이나 집안에 틀어박힌 채 지내는 사람이 결코 적지 않다는 것을 알 수 있다.

이런 사람은 학교에서 적응하지 못한 데 이어서 오랫동안 심하게 은둔 생활에 빠져 있다. 더구나 자폐증이라는 사실을 누구에게도 제대로 이해받지 못한 채 부적절한 대응을 계속 경험해 온 사람이 많다. 가정에서는 가족에게 격렬한, 어찌할 수 없는 분노를 폭발시키면서 틀어박혀 있는 사람도 있다. 고기능이기 때문에 학교에서도 잘할 수 있는 과목이 있다고 해서 부모는 그저 성격이 삐뚤어진 정도로 오해하고 엄격한 훈육으로 바로잡으려고 했다. 최악의 몰이해, 오해의 결과이다.

또 하나의 2차 장애는 반사회적 행동으로, 비행이나 범죄를 일으키는 것이다. 오랫동안 소년감별소와 의료소년원(일본에서 심신에 현저한 장애나 지장이 있는 12세 이상 26세 미만의 대상자를 수용하는 소년원 – 옮긴이) 등에서 비행청소년 교육을 맡아 온 오구리 마사유키(小栗正幸)는 다음과 같이 지적한다.

고기능 자폐인이라는 것이 장기간에 걸쳐 간과되고 적절한 특별 대응을 받지 못했던 결과, 아동 스스로가 실패 경험을 거듭 쌓게 된다. 이로 인해 일그러진 자화상을 갖게 되어 비행을 저지르게 되는 경우가 드물지 않다는 것이다. 이것은 그 자신이 비행 청소년 시설에서 체험한 것에 기초한 사실을 이야기한 것이다. 학업 성적이 우수하면 대인관계가 다 무너진 상태에 이르러도 가족이나 교사 중에 청소년의 괴로움을 이해하는 사람이 없는 현실에 대해 슬픔을 담아 지적하고 있다.

이런 청소년들을 바르게 이해하고 적절한 교육과 지원을 하기 위해 교사의 전문성 양성을 포함한 사회적 계발이 긴급하고 중요하다고 이야기하고 있다.

또 오구리는 스스로의 풍부한 경험에 더하여 다른 유능한 선배와 동료들의 교정교육 결과도 인용하면서 올바른 대처란 목적을 분명하게 구체화한 교과 교육과 직업교육 등이어야 한다고 주장한다. 즉, 구조화된 지도 환경에서 취업이나 사회생활에 실질적으로 유용한 것을 가르쳐야 한다고 열성적으로 말했다.

반대로 부적절한 대처란, 구체적이고 명확한 행동 변화를 목적으로 하지 않는 집단활동이나, 비지시적인 내담자 중심 치료(클라이언트 중심 이론이라고도 한다. 1940년대 미국의 임상심리학자 칼 로저스가 창시한 것으로, 내담자의 이야기를 경청하고 공감하여 내담자 스스로 자신을 돌아보고, 문제를 깨닫고, 성장하게 하는 방법이다. – 옮긴이)나 정신분석적 대응이라고 한다. 청소년을 그저 자유롭게 해 주며 시간을 보내면서 정서적 안정을 도모하는 방법은 결코 효과적이지 않다. 무엇을 어떻게 하는 것이 좋은지를 구체적으로 명료하게 제시하면서 무엇이든 실질적으로 습득할 수 있도록 지도하는 것이 바람직하다는 것이다.

오구리는 나아가 심리요법 자체를 비판하는 것은 아니지만, 발달장애를 가진 비행 청소년에게 심리요법적 해석을 남용하는 것은 피해야 한다고 말한다. 심리적 해석을 초기에 남용한 결과 수많은 청소년과 그 주변 가족과 관계자에게 큰 어려움을 초래하고 있다는 것도 알아야 한다고 솔직하게 이야기했다.

소년감별소에 입소한 청소년에게는 학교 카운슬러 등에 의한 심리요법 개입으로 초기 단계 대응을 그르치고 있는 경우가 대단히 많다고 강력하게 경고한다.

비행 청소년에 대한 대응 분야에서 활약하는 사람들은 원래 자폐증이나 발달장애 분야의 전문가는 아니다. 더구나 티치 프로그램에는 문외한이었던 사람들이라고 생각한다. 그러나 청소년들을 구하고자 하는 진지하고 열정적인 대책이 결과적으로는 티치와 같은 방향을 향하게 되었을 것이다.

◢ 신경과민 등의 문제

고기능 자폐인은 그 밖에도 여러 가지 힘든 문제를 안고 있다. 그중에서도 신경과민이라는 특성은 많은 당사자들에게 큰 고통을 준다.

필자가 알고 있는 한, 주위 사람이나 환경과의 부조화로 인한 결과로 스트레스를 받을 때, 보다 큰 고통으로 나타나는 경우가 많다.

그중 하나가 빛에 대한 과민성(햇빛 알레르기를 뜻하는 광과민성과는 다르다. - 옮긴이)이다. 일반인에게는 상상을 초월할 정도인 경우도 많다. 여러 종류의 빛이 눈에 들어와 참기 어려운 고통을 준다.

피부 자극에 대한 과민반응도 심각한 문제이다. 속옷 선택에 대단히 민감해질 수밖에 없는 사람도 있다. 갑자기 신체 접촉을 당하거나 비를 맞는 것, 머리를 자르는 것을 못 견뎌 하는 사람도 있다.

쓸데없거나 이해가 결여된 일로 스트레스를 주지 않도록 우리는 주의를 기울여야 한다. 가정, 학교, 사회 곳곳에서 어떤 구조화에 의한 방어 시스템을 구축하는 것이 좋을지, 함께 살아가고 일하는 사회를 목표로 진지하게 생각해야 한다.

또 주변 사람들에게는 사소하게 생각되는 일이지만 자폐인에게는 그것으로 인해 플래시백이 일어나 심한 고통이 되살아나는 경우가 있다. 고기능 자폐인은 플래시백이 오래 전에 있었던 일과 관련된 것이라도 그 괴로운 체험은 지금 현재에 겪는 것과 같다고 한다.

티치 교실에는 그런 경우를 포함해서 힘든 상황에서 벗어나 기분을 가라앉힐 수 있는 코너나 별실을 마련하기도 한다. 본인이 원하는 대로 빛을 조절할 수 있는 조명 설비가 준비되어 있는 곳도 있다. 네덜란드에서 고안된 스누즐렌이라고 하는 것인데, 노스캐롤라이나와 일본에도 수입되어 있다.

우리는 고기능 자폐인의 발언과 제안을 받아들여 앞으로 가정, 학교, 직장, 지역사회 등에서 더불어 살아가고 일하기 위해 여러 가지 창의적 숙고를 해야 한다.

◢ 조기 이해, 그 후

자폐인에게 밀착하기 위해 우리는 자폐 아동들의 문제를 되도록 조기에 발견해야 한다. 몰이해나 오해가 얼마나 이 아이들을 상처 입히는지 이미 우리는 많은 사례를 통해 알고 있다.

필자의 가족 홈페이지에 올라온 고기능 자폐인의 글 속에 "만일 소원이 이루어진다면, 어린 시절의 기억을 전부 지우고 싶다"는 고백이 있다. 지울 수 없는 깊고 큰 상처가 얼마나 많이 남아 있는지 상상을 초월할 것이라고 생각한다.

"보통 사람들은 우리처럼 기억이 선명하지 않고 시간과 함께 흐려지는 일도 있다고 합니다. 어릴 때 일 같은 것은 거의 기억하고 있지 않다고 하는 지인도 있습니다"라거나 "플래시백을 일으키지 않는 방법이나 기억의 양을 줄이는 방법을 개발해 줄 사람이 있으면 좋겠습니다"와 같은 고기능 당사자의 고뇌를 우리는 어떻게 받아들일지 막막하다.

이 사람들에게 먼 과거의 기억은 결코 오래된 것이 아니다. 시간의 경과가 기억을 제거해 문제를 해결해 주는 것은 아니다.

미국 자폐증 협회 이사로서 홍보를 담당하고 있던 찰스 하트(Charles Hart)는 자폐아의 아버지로서, 또한 전미 자폐증 아동과 가족의 행복을 바라는 전문가로서 다음과 같이 말한다. 자폐인의 가장 핵심적인 어려움을 한 가지 지적하라면 자신은 "과거의 일을 잊을 수가 없어 고통받고 있는 사람"을 떠올린다는 것이다.

먼 과거의 마음의 상처나 고뇌가 방금 일어난 일처럼 되살아난다. 필자에게 보내온 메시지에도 그런 내용이 있다. 몇십 년치의 "힘내라", "제대로 해라"라는 말이 갑자기 되살아나는데 머릿속에서는 방금 들은 "너무 힘내려고 하지 마"라는 말이 마구 울려서 뭐가 뭔지 혼란스러워져 "그대로 굳어져 버렸다"고 한다. 주위 사람은 그런 자신을 눈치채지 못하고 아무 일도 없는 듯이 모른 채로 있다. "정형발달인의 둔감함이 부럽"고 한편으로 "싫다"고 한다.

티치 스태프들은 보호자나 교육자에게 가능한 한 '실패 경험을 시키지 않도록' 가르치는 것이 중요하다고 조언한다. 그러기 위해서는 진단과 평가를 철저하게 하고, 거기에 맞춰 과제와 교재를 잘 연구해서 지도해야 한다. 지도에는 다양한 수준과 내용의 시각적 구조화라는 기본적 방법을 빼놓을 수 없다.

수많은 실패와 혼란을 경험하기 전에, 또 심한 심리적 외상의 경험을 겪기 전에 이른바 조기 발견과 조기의 적절한 교육이 무엇보다 중요하다. 그런데 이것은 고기능일수록 중요함에도 불구하고 어려움도 그만큼 크다. 바로 자녀가 고기능이기 때문에 발달장애라는 사실을 부모가 받아들이기 힘들어하기 때문이다.

조기의 정확한 진단과 평가, 그리고 적절한 양육과 개입을 위해 우리는 오늘날까지 상당히 풍부한 방법을 개발해 왔다. 그 구체적 대응은 개별적이고 다양하다. 그러나 기본 원리는 기능의 높고 낮음과 관계없이 공통적이다. 그것은 자폐인이 대인적인 상호관계와 의사소통의 기능에 질적 차이가 있고, 흥미나 관심, 활동의 범위가 좁은 곳에 한정되기 쉽다는 특유의 공통점을 갖기 때문이다.

그러나 그로 인해 어린이집이나 유치원 시절부터 오해를 하거나 이해하지 못하는 사람들로부터 "버릇없는 아이"라는 말을 듣거나, 언제나 "제멋대로 이야기하거나 행동한다", "남의 마음을 헤아리지 못하는 아이", "블록이나 퍼즐 놀이는 잘하는데 친구와 함께 하는 규칙이 정해진 놀이는 못 한다"라는 소리를 늘 듣게 된다.

아무리 고기능이라도 기본적으로는 이해해 주는 사람들을 만나지 못한다면 사람과의 관계 속에서 안정되게 적응하기는 어렵거나 불가능하다. 우리는 가족조차 처음에는 이해하지 못하거나 사실을 받아들이기를 거부한다는 것을 이해하는 것에서부터 개별 자폐인의 문제에 대한 대응을 시작해야 한다.

제 7 장

→ TEACCH ◆

부적응 행동에 대한 대응

TREATMENT AND EDUCATION OF AUTISTIC AND RELATED COMMUNICATION-HANDICAPPED CHILDREN

부적응 행동에 대한 대응

혼란을 방지하기 위한 구조화

◢ 고집스러운 행동

자폐인들이 행동 장애나 이상행동 등 다양한 유형의 부적응 행동을 보이는 것은 잘 알려져 있다. 그중에서도 고집이나 집착으로 일컬어지는, 물놀이나 전화번호부 넘기기 등에 몰두하여 다른 것에 관심을 돌리기 어려운 것과, 분노발작이나 패닉으로 불리는 감정 폭발을 일으키는 것은 가족이나 치료교육자를 가장 자주 곤혹스럽게 하는 대표적인 부적응 행동이다.

그런데 이른바 문제 행동이나 부적응 행동에 대해 우선 생각해야 할 것이 있다. 그것은 격렬한 흥분이나 감정 폭발과 같이 자폐인 본인이 괴로워하는 경우가 아닌, 물놀이에 대한 집착처럼 자폐증 당사자는 오히려 즐거워하는 행동에 대해서 그 행동을 개선시키거나 소거하는 것이 어느 정도 의미가 있는지를 잘 검토하는 것이다.

이상한 행동을 고집하고 있으니까 그 행동을 없애지 않으면 다른 지도를 할 수 없다고 생각하는 것은 잘못이다. 고집 행동을 금지한다고 다른 학습이 진척되기 쉬워지는 것은 아니다. 다른 학습이나 발달상의 활동이 가능해짐에 따라 별로 의미가 없는 강박적 고집 행동이 경감되어 사라지는 것이다.

자폐인 자신이 분명히 고통을 느끼는 부적응 행동은 이유 여하를 불문하고 되도록 조기 해결을 도모해야 하지만, 스스로 괴로움을 느끼는 행동이 아닌데도 자신이 하고 있는 행동을 금지 당하면 더욱 불안이 심해져 큰 혼란에 빠지기 쉽다. 문제 행동을 단순히 제지하는 것은 그들의 부적응을 더 심하게 할 수 있다. 따라서 어떤 행동을 그만두도록 지도할 경우에는 그 행동을 대체하여 무엇을 하면 좋을지 반드시 그들이 이해할 수 있도록 제시하고, 그 대체 활동이 가능하도록 지도해야 한다. 가능하면 사전에 아이가 좋아하거나 익숙한 활동 몇 가지를 평소부터 연습을 시켜서 그런 활동으로 전환하도록 하는 것이 최선의 방법이다.

하지 말라는 금지의 말을 하려면 반드시 그 행동을 대체할, 해도되는 활동을 제시하고 즉시 그 활동으로 전환할 수 있도록 지원하는 것이 자폐인들의 부적응 행동에 대한 가장 적절한 대응이다. 자폐인들의 부적응 행동은 그저 금지나 중단시키려고 하는 대응으로는 전혀 충분치 않을 뿐만 아니라 부적응 행동을 더욱 심하게 만들기 쉽다. 적절한 활동, 즉 주변 사람도 받아들일 수 있는 구체적 적응 행동으로 이끄는 것이 바람직하다. 가능하면 유소년기부터 그런 치료교육법을 유의해 두자.

습관적인 생활과 놀이 활동이 정착함에 따라 무의미해 보이는 강박적 고집 행동은 줄어들게 된다. 줄어든다기보다 다른 습관적 활동으로 전환한다고 해야 할지도 모르겠지만, 완고한 고집 행동에 대한 치료교육적 대응으로 위의 방법을 잘 알아 두어야 한다.

◢ 다시 구조화를

패트리시아 하울린이 2005년 규슈 대학 체재 중 강연에서 다음과 같은 말을 했다.

"만일 자기 주위에서 일어나는 일의 의미를 이해할 수 없고, 자신의 의사를 전달하기 위한 표현법도 잘 모르고, 상황의 변화에 대한 예측을 할 수 없고, 게다가 그런 곤란한 상황에서 벗어나기 위한 상상력도 발휘하지 못한다면, 여러분은 어떤 반응과 행동을 보이게 될 것이라고 생각하는가"라는 것이다.

즉 자폐인은 매일 여러 가지 상황에서 다양하게 이런 부적응 상태가 되고 있다는 것을 설명한 것이다.

이렇게 부적응이란 주위의 여러 정보를 포함하여 환경이 갖는 의미를 이해할 수 없는 경우이거나, 자신의 의사를 적절히 전할 수 없을 때의 상태이다.

자폐인들은 상황과 주위 환경의 의미를 이해할 수 있고, 예측 가능한 상태에 있으면 별로 부적응 행동을 보이지 않는다. 그들은 기본적으로는 결코 제멋대로가 아니기 때문에 일시적인 기분으로 감정적으로 되거나 문제 행동을 일으키는 일은 거의 없다.

그러므로 그들의 부적응 행동은 제3장에서 서술했듯이 구조화의 개념과 방법으로 이해하고 대응하는 것이 중요하다. 상황과 맥락을 어떻게 조정하거나 구축하면 좋을지 생각한다. 주위 환경과 상황의 예측, 그리고 일정표를 그들이 이해하고 판단(때로는 약간의 추측)할 수 있도록 순서를 잘 연구해서 제시해야 한다.

우선 교실이나 작업장 등에서 일어나는 부적응 행동에 대한 바람직한 대응은 주변 환경이나 상황을 물리적으로 구조화하여 재정

비하는 것이다. 이때 자폐인이 눈으로 보아 활동 내용을 이해할 수 있도록 한다.

예를 들면 한 군데의 장소를 다목적으로 이용하지 않고, 한 가지 목적에는 하나의 장소를 설정하여 제공한다. 상황과 해야 할 활동 사이에 혼란을 일으키지 않도록 하기 위해서이다.

이어서 중요한 요건은, 하루의 학습과 생활을 위한 일정표를 만들어 되도록 명료하게 전달하는 것이다.

그러고 나서 지도와 교육을 위한 과제를 잘 검토하여 부여하고, 자폐인들이 자신의 인지 기능에 맞춰 이해하고 자립적으로 실천할 수 있는 작업 시스템을 만들어 가르쳐야 한다. 즉 어디에서, 무엇을, 언제까지 또는 어느 정도 분량의 작업 과제를 실행하면 좋을지, 그 다음에는 어떤 예정이 있는지 등을 그들이 이해할 수 있도록 주위 환경을 정비, 제시하여 지도한다.

이것이 적절하게 실천되면 자폐인들은 혼란스러운 상황에 빠지지 않기 때문에 부적응 행동을 보이는 일은 거의 없다는 것을 티치 프로그램은 실천적으로 입증하고 있다.

따라서 자폐증의 아동과 청년이 행동 장애를 보이는 것은 상황의 의미를 이해하지 못하거나, 해야 할 활동이나 과제의 내용이 그들의 기능 수준을 뛰어넘는 것이거나, 또는 기능 수준에는 맞아서 충분히 실행할 수는 있어도 다른 활동을 할 예정이었던 경우처럼 예기치 못했던 시점에서 그 활동을 해야 하거나 강요당했고, 그런 상황에서 자기 의사를 전달할 수 없어 괴로워하고 있는 경우가 많다.

또는 이해를 못 하고 혼란스러워한다는 의미에서는 본질적으로 마찬가지이지만 무엇을 하면 좋을지 알 수 없는 상황, 즉 자유라고도 할 수 있고 방치되어 있다고도 할 수 있는 시간이 언제까지 계속될지 예측할 수 없는 상황에서도 그들은 여러 가지 부적응 행동을 보이는 것이다.

▲ 결과가 아니라 원인을

이상과 같은 기본적 사항을 염두에 두고 좀더 구체적으로 문제에 대응하기 위한 접근 방식을 서술해 보겠다.

부적응 행동의 다수는 그들이 도대체 무엇을 해야 하는지 알 수 없어 곤혹스럽거나 혼란스러워하고 있는 경우이므로 우선 구조화를 확실하게 다시 할 필요가 있다. 그리고 지도하는 쪽이 바라는 것을 상대방이 확실히 이해할 수 있도록 다시 전달해야 한다. 구어를 이해하지 못하는 사람에게 이런저런 말로 위로하거나 꾸중하거나 지시하는 것은 그들의 짜증이나 혼란을 더욱 부채질하는 것이며 역효과를 불러온다.

따라서 몸짓, 그림, 실물 또는 문자 등을 사용하여 지도하는 쪽의 의사와 지시를 확실히 전달한다. 그리고 해야 할 과제나 활동은 그들이 이미 충분히 습득해서 할 수 있는 것이 아니면 큰 혼란을 피하기 어렵다.

또한 그들이 어느 정도 자립하여 할 수 있는 활동이라도 그것에 대한 주의집중 시간이 얼마나 될지 예상을 잘 못하면 도중에 작업 재료를 집어 던지거나 일어나서 큰 소리를 지르거나 자기 머리를 때리며 화를 내는 등, 그들 자신의 표현력이 부족할수록 현저한 부적응 행동을 보이게 된다.

자기 주변에 거슬리는 사람이나 물건이 보이거나 불쾌한 소리가 들려도 심하게 짜증내는 경우가 있다. 그 밖에, 언제 끝날지 알 수 없는 상황에서 작업을 해야 하는 경우에도 자폐인들은 고통을 느끼기 쉽다. 그러므로 그런 일이 생기지 않을지 잘 검토해야 한다.

부적응 행동에 대해서는 결코 결과만을 보고 대응해서는 안 된다. 최대한 철저히 원인에 대해 숙고해야 한다. 그러기 위해서는 자폐증이라는 장애의 특성과 그 사람 개인의 기능과 개성을 충분히 알아야 한다. 그런 다음에, 왜 각각의 부적응 행동이 일어났는지를 검토한다.

우선, 어떤 상황에서 무엇을 하고 있을 때 어떤 행동이 일어났는가 하는 것을 상세하게 관찰하여 조사하지 않으면 적절한 대응을 생각하여 실행하기 위한 출발선에 서지 못한다. 어림짐작으로 적당히 하는 대응은 곧잘 사태를 악화시켜 습관화하게 만든다.

◢ 사례 〈가만히 앉아 식사를 할 수 없다〉

1989년 1월, 아사히신문 후생문화사업단과 야스다생명 사회사업단(현 메이지야스다 마음의 건강재단)의 공동 주최로 야스다생명교육센터에서 일주일간 티치 훈련 세미나가 개최되었다. 일본의 연수생에 대한 메지보프 교수와 동료들의 실습 지도 후에 가만히 제자리에 앉아서 식사를 하지 못하는 자폐아의 행동 관리에 대해 질문이 나오자 티치 프로그램 스태프는 다음과 같이 대답했다.

식사는 매일의 생활 속에서 가장 즐거운 한때이다. 그러므로 식사 시간은 가능한 즐거운 것이 되도록 연출하는 것이 중요하다. 산만해지기 쉬운 아이라면 많은 사람들 속에서 식사하는 것은 피하고, 처음에는 선생님과 둘이서 다른 사람들과 약간 떨어진 곳에서 식사하는 것도 시도해 볼 만하다.

그리고 한동안은 좋아하는 것부터 먹기 시작해서 식사가 즐거운 것이라는 사실에 충분히 익숙해지도록 한다. 그것이 가능해지면 다소 싫어하는 음식이라도 건강을 위해 꼭 먹어야 하는 것을 조금씩, 식사 그 자체를 싫어하게 되지 않을 정도로 준다. 자폐 아동이 편식 때문에 심한 영양 장애를 일으켜 건강을 해치는 일은 거의 없으므로 편식을 고치는 데 너무 집착하지 않아야 한다. 중요한 것은 식사의 즐거움을 해치지 않는 것이다.

또 하나 유의해야 할 것은 식사 시간에는 시작과 끝이 있다는 것을 확실히 알도록 장면의 흐름을 만드는 것이다. 점심 식사라면 점심 식사가 정확히 끝났다는 것을 이해할 수 있는 신호를 하고, 그 다음에는 아이가 좋아하는 디저트나 과자를 적당히 내놓는 것이 좋다.

각 아동에 대하여 식사 시간에 집중해서 제자리에 앉아 있을 수 있는 시간이 어느 정도인지도 평소에 잘 관찰해서 평가해 둔다. 처음부터 오랫동안 앉히지 말고, 어느 정도의 양을 먹었다면 일단 자리를 벗어나도 되는 것으로 한다.

일주일에 5분씩 더 오래 앉아 있을 수 있게 되면 한 달에 20분이나 오래 앉아 있을 수 있게 된다. 그 두 배로 완만한 속도로 지도해도 어린 아동에게는 충분하지 않을까 한다. 이렇게 해서 무리하지 않고 다른 친구들과 함께 안정된 상태로 식사를 즐겁게 할 수 있도록 한다.

▲ 자폐인의 세계에 다가가기

마지막으로 티치 프로그램의 일본 현임자 훈련 세미나에서 사용된 교재에 나오는, 부적응 행동에 대한 대응에 관한 자료를 다음 쪽부터 소개한다.

자폐증이라는 장애에 공통된 특성과 개인의 개성 및 기능을 두루 잘 파악하지 못하면 부적응 행동에 적절하게 대응할 수 없다. 그들의 부적응 행동에 따른 대응은 물론이고, 그런 행동의 예방적 치료교육이 가능해져야 비로소 자폐증 치료교육자라고 할 수 있기 때문에 본서의 마지막 정리로 적절한 주제라고 생각한다.

사실 노스캐롤라이나주를 방문해서 그곳 티치 프로그램 안에서 치료와 교육, 훈련을 받고 있는 자폐인들이 눈에 띄는 부적응 행동을 하는 것을 필자는 단 한 번도 본 적이 없다. 일본을 비롯해서 다른 여러 나라의 친구나 지인들도 같은 경험을 하고 와서 이구동성으로 같은 말을 하고 있다.

자폐인은 우리들이 의미 부여를 하고 있는 시간과 공간 속에 자신을 맞추는 것을 힘들어 한다. 따라서 그들 쪽에서 우리의 세계 안으로 들어올 수는 없다. 우리 쪽에서 그들의 세계에 다가가 그 안으로 들어가는 노력을 한 다음에 비로소 그들을 우리의 세계로 이끌어 올 수 있다. 이것은 로나 윙이 최근 저서에서 했던 지당한 말이다.

티치는 자폐인의 세계에 다가가는 법과 들어가는 방법을 구체적으로 가르쳐 주었고, 우리의 세계로 이끌어 오는 법도 명료한 방법으로 보여 주었다. 그들은 우리들의 세계에서 자폐인이 보이는 부적응은 자폐인 스스로 거기에 빠진 것이 아니라 우리들이 초래하고 있다고 생각해야만 한다고 말한다.

부적응 행동에 대한 대응 – 질문 용지

다음 질문에 순서대로 답하시오(답변 용지에 자신의 생각을 적을 것).

1. 해당 아동이 가진 문제는 무엇인가. 문제가 되고 있는 행동 그 자체를 객관적으로 기술할 것. 이유나 상황 설명은 빼고 그 문제 행동만을 기술할 것. '격렬하다' '시끄럽다' 등의 표현에 대해 전원이 동의할 수 있도록, 단어의 정의에 대해 다른 사람과 이야기해 둘 것. 그 아동을 실제로 모르는 사람에게 아동의 행동이 마치 눈에 보일 듯 구체적이고 명확하게 기술할 것.
2. 해당 행동의 그간의 경위는 어떠한가? 전부터 그런 행동이 보였는가, 최근 시작된 것인가? 얼마나 오랫동안 그 행동이 계속되고 있는가? 다른 요인에 의해(예를 들면, 아동의 완력이 급속하게 강해짐에 따라) 그 행동은 보다 심해져 가는가?
3. 해당 행동을 바꾸는 것은 어느 정도로 중요한가? 해당 아동 자신이나 다른 아동의 학습에 방해가 되고 있는가? 다른 아동이나 교사를 혼란에 빠뜨리는가? 위험한가? 답변자의 신경을 피로하게 하는가? 가족의 신경을 소모시키는가? 이 모든 것이 해당 행동을 바꿀 만한 이유일까? 누가 그 행동의 변화를 바라는가? 또 그 이유를 적을 것.

다음 단계에서는 행동의 결과를 문제로 삼거나 해당 행동을 어떻게 할지 생각하지는 않는다. 대신 왜 그 행동이 발생하는지 이해를 심화시켜 가도록 한다.

4. 어느 정도의 빈도로, 언제, 어디서 해당 행동이 발생하는가. 그 행동이 발생하는 것은 어떤 상황인가? 우선, 데이터 용지에 기록을 한다(어느정도의 기간 동안 기록해야 할지 판단은 스스로 할 것). 데이터 용지의 맨 처음 4군데 난에 요약을 기입할 것.

5. 왜 해당 행동이 일어나는가? 아동의 입장에서 보면 어떤가? 아동이 좋아하는 것과 싫어하는 것을 단순히 서술하기만 하는 답변은 피할 것(예를 들면 그는 버스를 기다리는 것을 싫어한다 등). 아동이 좋아하고 싫어하는 배경에 있는 이유를 찾을 것(예를 들면, 언제 버스가 올지 그로서는 알지 못한다 등). 아동을 혼란스럽게 하는 것은 무엇인가? 그는 무엇을 이해하기 힘든가? 데이터 용지의 마지막 난에 요약을 적을 것.

6. 아동의 발달 수준은 어느 정도인가? 그는 무엇을 할 수 있고, 무엇을 할 수 없는가? 무엇을 이해할 수 있고, 무엇을 이해할 수 없는가? 어른이 돌보거나 지켜보지 않아도, 아무 것도 하지 않는 상태로 얼마나 오랫동안 기다릴 수 있는가? 자기 요구를 표현할 수 있는 능력은? 언어 이해도는? 일과의 변경을 이해할 수 있는가? 등에 대하여 생각해 볼 것.

지금부터 계획을 입안하는 단계이다.

7. a) 문제 행동이 발생하는 상황을 한 가지 선택한다.
아동이 해야 할 것을 명확하게 제시하여 아동의 혼란을 줄이고, 문제 행동을 예방하기 위해 어떤 대책이 가능한가? 아동이 보다 이해하기 쉽도록 하기 위해서 상황을 어떻게 바꿀 수 있는가? 아동의 발달 수준에 맞도록 과업을 어떻게 수정하면 좋을까?
b) 문제 행동이 계속될 경우 금지의 의미를 아동에게 알리는 데 효과적인 방법을 선택한다.

부적응 행동을 이해하기 위한 기록 용지

행동의 정의: _____

날짜: _____

시간	장소/행동 아동은 무엇을 했는가?	이동이 행동을 하기 직전에 무엇이 일어났는가? (아동은 무엇을 하고 있었는가, 다른 아동은 무엇을 하고 있었는가, 방 안에서 무엇이 일어나고 있었는가)	아동은 왜 그렇게 했는가? 아동의 관점에서 파악한다 (중요 – 이 질문에 아동의 관점에서 답할 것. 아동을 혼란스럽게 하고 있는 것은 무엇인가, 아동이 이해할 수 없는 것은 어떤 것인가, 아동에게 어떤 활동은 무엇인가)

행동 체크 항목

1) 당신은 담당 아동의 문제를 생각할 때, 우선 자폐증의 특성에 대해 생각했습니까?

2) 그 문제의 배경에 있는 장애는 무엇이라고 생각했습니까?

3) 현재 발생하고 있는 행동에 대한 이해를 심화시키는 데 있어서 자폐증에 대한 당신의 이해가 어느 정도 도움이 되고 있습니까?

4) 주변 환경을 빠르고 쉽게 재구성하기 위해 어떤 대책이 가능합니까?

5) 아동에게 바라는 바를 시각적으로 명확하게 하기 위해서는 어떻게 하는 것이 좋습니까?

6) 당신은 다음과 같은 문제 해결 접근법을 시도해 보았습니까? 즉 왜 그 행동이 발생했는지 이해하기 위해 의문점을 한 단계씩 파고 들어가 스스로에게 계속 질문을 되풀이하는 방법론을 취해 보았습니까?

7) 긍정적 접근법 – 무엇을 해야 하는지를 아동에게 이해시키기 위한 방법 – 을 포함한 계획을 제안했습니까?

8) '안 돼'를 나타내는 적절하고 명료한 방법을 찾았습니까?

답변의 실제 사례

행동의 이해(1~6)

(1) A군이 사람을 때리는 것이 나에게는 문제이다. 그는 다른 아동이나 교사를 주먹과 손바닥으로 때린다. 다른 아동을 쓰러뜨릴 정도로 강하게 때린 적도 자주 있다.

(2) 이 행동은 이미 오래 계속되고 있다(적어도 2년 동안). 점점 상태는 심해져 A군의 신체가 성장함에 따라 더욱 심각한 상태가 되리라는 것이 뚜렷이 예상된다.

(3) 이 행동은 위험하고, 다른 아동과 나 자신의 신변 안전을 생각할 때 나에게는 큰 부담이 되고 있다. 그러므로 이 행동을 변화시키는 것은 대단히 중요하다.

(4) A군은 평균적으로 하루에 세 번 사람을 때린다. 이번 주는 둥글게 둘러앉아 게임을 하고 있을 때 두 번, 식당에 점심을 먹으러 가는 도중에 세 번, 버스를 기다리고 있는 사이에 열 번 다른 아동을 때렸다.

(5) 그는 둥글게 둘러앉아 게임을 할 때, 자기 차례를 기다리는 것이 어려워 사람을 때렸다. 그는 배가 고팠던 데다, 점심을 먹으러 가게 되는 것인지 어떤지 몰라 혼란스러웠기 때문에 사람을 때렸다. 그는 언제 버스가 오는지 몰라 그저 기다리고 있기 힘들었기 때문에 사람을 때렸다.

(6) 둥글게 둘러앉아 게임하는 동안 : 사회적 능력이 부족하기 때문에 그는 다른 아동의 행동을 관찰하는 것만으로는 자신의 차례가 언제인지 이해하지 못한다. 따라서 그로서는 그저 아무 이유도 없이 기다려야 하는 것이다. 무엇을 해야 할지 지시가 없으면 그는 기껏해야 1분밖에 기다리지 못한다.

식당에 가는 도중 : 언어 능력에 한계가 있기 때문에 그는 우리가 "자, 점심시간이에요" 하고 말했을 때 이해하지 못했다. 그는 일어난 일의 흐름을 기억하는 것이 어려우므로, 새로운 활동으로 옮겨 가는

것에 혼란을 느낀다. 식당에 도착해서 스스로 쟁반을 들 때까지는 점심시간인지 아닌지 확실히 알지 못하는 것 같다.

버스를 기다리는 동안 : 그의 언어 이해와 시간 개념의 이해에는 한계가 있다. 그렇기 때문에 "몇 분 내에"라는 설명을 이해할 수 없다. 언제 버스가 오는지 그는 알 도리가 없다. 확실히 알 수 없기 때문에 그는 동요한다.

지도안(7)

a) 식당에 가는 도중 : A군에게 점심시간이라는 것을 설명할 수단으로써 우리는 구체적인 것을 사용해 보기로 한다. 오전 마지막 수업이 끝날 무렵, 그를 문 앞에 줄을 세우기 전에 식당의 쟁반을 건넨다. 식당까지 그것을 들고 가게 하면 자신이 어디로 가고 있는지 확실히 알 수 있을 것이다.

긍정적인 강화 요소도 생각해 본다.

b) 교실 구석에 의자를 놓아 둔다. 만일 그가 복도에 모두와 함께 줄 서 있을 때 누군가를 때린다면, 우리는 쟁반을 그에게서 빼앗아 30초간 그를 의자에 앉아 있게 한다(그는 가만히 앉아 있는 것을 싫어한다).

답변 용지

행동의 이해(1~6) _____

_____

_____

_____

_____

_____

_____

_____

_____

_____

_____

_____

_____

_____

_____

지도안(7) a) _____

_____

_____

_____

_____

_____

b) _____

_____

_____

_____

_____

_____

(출처 : E. 쇼플러, 사사키 마사미 편: 〈자폐증의 치료교육자〉, 가나가와현 아동의료복지재단)

1982년 여름 티치 프로그램을 처음으로 만나 25년이 넘는 교류를 거듭하면서 많은 것을 배우고, 일본에 소개하고, 보급과 발전을 위한 노력을 계속해 왔다.

그런 가운데 주위 동료들의 요청을 받고, 또 가켄 출판사 편집부 분들에게 격려를 받아 1993년에 본서의 전신인 《자폐증 치료교육 핸드북 – 티치 프로그램에서 배운다》를 썼다.

세계 최초의 티치 프로그램에 관한 책이라고 자부하고 있다. 티치 본부 사람들조차 그들의 일에 관해 자신들이 출판물을 낸 것은 매우 최근이다. 그들은 스스로의 일을 자랑하거나 저서로 내기보다도 임상과 교육, 연구의 실천에 몰두해 왔기 때문이다. 그래도 세계 각지의 강한 요청에는 당해낼 수 없었던 듯 그들도 드디어 2005년에 책을 냈다.

필자의 전작은 이미 15년의 세월을 거쳐 옛날 책이 되었다. 편집부로부터 강한 요청이 있어 원고를 손보기로 했다. 그러나 나이가 많아 노쇠해졌는데도 심히 바쁜 일정을 피하지 못하여 편집부 분들에게는 대단히 폐를 끼치게 되었다. 사과와 감사의 마음이 뒤섞인 복잡한 감상을 금할 길 없다.

본서를 위해 많은 학교, 복지시설, 가정 등에서 티치 모델을 응용 실천하고 계신 분들로부터 큰 도움을 받았다. 뛰어난 교육, 복지 및 생활 지원의 구체적 활동을 담은 사진은 불충분한 본문을 훌륭히 보충하고도 남는다. 협력해 주신 분들께 마음으로부터 감사 드린다.

예를 들면, 도쿄 가쿠게이 대학 부속 특수학교의 교육 실천에서 다운증 아동의 학급과 자폐증 아동의 학급 사진을 주셨다. 또한 가네코 게이코(金子啓子) 씨는 가정 내 시행의 실제도 보여 주셨다. 그 결과 티치 모델의 구체적 모습을 제시할 수 있었다. 일목요연이란 이런 것이라고 생각한다.

이렇게 각계의 수많은 관계자들의 지원을 받아서 본서는 완성된 것이다.

동시에, 이처럼 뛰어난 실천자가 각지에서 다수 활동하고 있다는 사실을 배우게도 되어 본서의 전작 이래 지나온 세월에 깊은 감회를 금치 못하게 된다.

확실히 최근, 일본 각지의 티치 프로그램 모델은 빠른 속도로 보급되고 발전되고 있음이 실감난다. 학습회에 초청되는 빈도도 급속히 늘어났다. 꽤 많은 시간과 세월을 들여 왔지만 한층 더한 보급과 발전을 바란다. 자폐인과 가족의 행복에 대단히 유익한 프로그램 모델이라는 것은 이미 오늘날 의심할 수 없다고 생각하기 때문이다.

또한, 편집장인 모로오카 히데하루(師岡秀治) 씨를 비롯, 하세가와 신(長谷川 晋) 씨와 야마다 고이치로(山田剛一郎) 씨, 즉 휴먼케어 편집실의 여러분들은 말로 다 할 수 없을 정도로 협력해 주셨다.

특히 편집부의 하세가와 씨에게는 맨 마지막까지 굉장히 신세를 졌다. 각지의 실천 현장의 사진 취재로 동분서주하면서, 지지부진하여 집필을 진행시키지 못하는 필자를 꾸준히 격려해 주셨다. 그의 격려가 없었다면 이 책은 결코 햇빛을 볼 수 없었을 것이라고 생각한다. 글로써 감사드리지 않을 수 없다.

2008년 2월 4일

2007년도 티치 야간 강좌 마지막 강의를 마치고
가와사키 학원 후타고 레지던스에서, 춥고 깊은 밤에
사사키 마사미

옮기고 나서 – 내가 만난 티치를 소개합니다

저는 일본에서 자폐아를 키우고 있는 한국인 엄마입니다. 아이를 위해 특수교육에 관한 여러가지 방법론에 관심을 갖고 있던 중 미국에서 수립되어 유럽과 일본에서는 널리 알려진 TEACCH(티치) 프로그램이 유독 한국에는 소개되지 않았다는 것을 알게 되었습니다.

일본에 티치를 소개하고 보급한 이 책의 저자 사사키 마사미 선생님은 소아정신과 의사로, 그의 저서는 한국에서도 여러 권 번역되었지만 대부분 아동심리, 육아 일반에 관한 것입니다. 그러나 일본에서 사사키 마사미 선생님은 무엇보다 티치 이론으로 유명합니다.

티치 프로그램을 간단히 설명하자면 자폐를 치료할 질병이 아닌 개성으로 보고, 이 특성을 비자폐인들도 함께 이해하고 어떻게 도와가며 살 수 있는지 제시하는 이론입니다. 주요 방법론은 '구조화 및 시각화'로, 자폐인들이 시각적 능력이 뛰어나고 환경을 구조화해 주면 사물을 더 잘 이해할 수 있다는 특성을 활용한 것입니다.

티치 프로그램은 시력이 약한 사람에게 안경을 씌우는 것에 비유됩니다. 시력을 근본적으로 좋아지도록 '치료'하는 것이 아니라, 시력은 그대로 두고 안경이라는 도구를 이용해 사물을 잘 보도록 돕는다는 의미이지요. 치료 효과를 내세우는 방법론이 아니어서 그동안 한국에서 주목을 받지 못했던 것 같습니다(특수교육계에 계신 분에게 우리나라에서도 1990년대에 티치를 받아들이려는 운동이 잠깐 있었지만 호응을 얻지 못하고 사그라들었다는 이야기를 들었습니다).

저는 한국에서 성장했고 성인이 되어 일본과 영국, 호주에서 공부하고 생활하는 가운데 여러 문화를 체험하고 비교하는 기회를 가졌습니다.

영국에서 아이를 낳고 키우면서 아이의 자발성과 다양성을 존중하는 영국의 육아법에 공감했습니다. 그러다 한국의 친정에 머물면서 아이가 발달장애 진단을 받게 되어 한국의 치료교육도 잠시 경험했고, 아이가 만 3살을 앞두었을 때 남편의 나라인 일본에 정착하면서 일본의 특수교육도 경험하게 되었습니다.

그렇게 3개국의 교육을 체험하면서 영국처럼 아이의 자발성과 개성을 존중하는 방법론에 관심을 갖게 되었는데, 그것이 티치였습니다. 티치는 미국에서 수립되었지만 영국의 시빌 엘가 스쿨(Sybil Elgar School, 자폐아를 위한 영국 최초의 교육기관)의 교육론에 영향을 받았다고 합니다.

영국의 유아교육에서 인상 깊었던 것은 어릴 때부터 아이의 의사를 존중하고, 아이와 소통하는 것을 중시함으로써 자발적인 자기관리 능력과 자기표현 능력을 키워 준다는 것이었습니다. 아이의 의사를 존중한다는 것이 그냥 오냐오냐 하는 것이 아니라 자기관리를 할 수 있는 루틴(의례적 일과)을 중시하면서도 그 루틴을 스스로 관리하게끔 유도하는 것이었습니다.

일본의 엄마들이나 치료교육 기관들도 루틴을 굉장히 중시하지만 대체로 어른들이 루틴을 짜 놓고 아이를 거기에 따라오게 하는 경우가 많습니다. 루틴을 중시하는 엄마들은 기상과 취침, 산책, 목욕, 우유 먹는 시간 등 하루의 일과를 짜 놓고 철저하게 그것을 지키려고 합니다. 그러나 제 아이를 담당했던 영국 간호사는 엄마가 루틴을 아이에게 강요해선 안 된다면서 루틴을 자발적으로 형성하게끔 이끄는 육아 방식을 독려했습니다. 저는 베이비 클리닉의 지도대로 아이의 루틴을 관찰 기록하면서 아이가 너무 많이 자신의 일과에서 벗어날 때만 제자리로 돌아오게 유도했습니다. 시간이 지나자 아이는 스스로 자신의 루틴을 조절하고 정착시켜 나갔는데, 영국의 베이비 클리닉에서는 이런 과정이 중요하다고 강조했습니다. 아이에게는 스스로를 돌보고 관리하는 힘이 있었고, 아기 때부터 이 힘을 키워 주어야 한다는 것입니다. 이것은 특수교육에서도 적용된다고 생각하며, 티치 프로그램 또한 이런 특징을 갖고 있다고 생각합니다.

영국 교육에서 또 하나 인상 깊었던 것은, 아주 어릴 때부터 '다르다는 것은 멋진 것'이라고 지속적으로 교육하는 것이었습니다. 제가 살았던 버킹엄주는 공교육이 특히 잘되어 있는 곳이긴 했지만, 저의 동네 사람들은 어린아이들까지도 다른 언어와 인종, 장애에 대해서 대단히 열린 마음으로 대하고 배려하는 모습을 보여 주었습니다. 영국에서 교사로 일했던 남편은 영국의 교육에서 강조하는 '모든 아이들은 다르다'는 구호가 단지 다양성을 마음으로 존중하자는 것에 그치지 않고 교육 현장에서 개별 아동의 개성을 살리는 교육으로 실현되고 있다고 말했습니다. 그런 사회에서는 자폐를 하나의 개성으로 받아들이고 각자의 개성을 키워주고자 하는 티치의 철학과 방법론이 받아들여지기 쉬울 것입니다.

하지만 6년 전 제가 친정에 머물면서 한국의 소아정신과와 치료시설을 경험했을 때의 분위기는 많이 달랐습니다. 제가 체험한 바로는 많은 자폐아들과 부모들이 치료시설에서 스트레스를 받으면서 아이를 '낫게' 하기 위해 힘겨운 노력을 하고 있었습니다. 울면서 치료받는 아이들도 있었습니다. 지금은 그런 진단이 많이 사라졌을 것으로 믿지만, 당시만 해도 자폐증을 '반응성 애착장애'라고 진단하는 경우가 많았고, 저의 딸의 진단명도 그것이었습니다. 의사는 "엄마가 열심히 노력하면 아이는 거의 정상 수준으로 발달할 수 있다"고 했습니다. 지금 노력하지 않으면 평상 장애인으로 살고, 지금 열심히 하면 거의 정상인이 될 수 있으며, 그것도 엄마가 노력하는 만큼 치료가 된다는 의사의 말을 들으면 엄마는 필사적으로 아이의 '치료'에 매달리게 됩니다. 때로는 엄마들의 지나친 열의에 아이들이 고통받기도 하는데, 이런 사정은 일본에서 제가 살게 된 지역도 크게 다르지 않았습니다. 이곳에서도 어떤 치료교육 시설은 종교적인 분위기에 사로잡혀 있거나 마치 군대처럼 훈련을 시키기도 했습니다.

　이렇게 고통스럽게 교육하는 것이 과연 아이를 위한 길일까 고민하던 중, 남편이 근무하던 학교에서 티치 강연회가 열렸습니다. 그 강연회에 다녀온 남편이 티치는 아이를 괴롭게 하지 않는 것 같다고 말했습니다. 마침 그 무렵, 자폐아를 키우는 지인이 티치를 추천해 주었습니다. 그녀는 군마현 자폐증협회에서 부모 모임을 통해 이 프로그램을 알게 되었고, 부모가 위로부터 훈육하는 식이 아니라 아이가 자발적으로 활동하도록 하는 점이 마음에 들었다고 했습니다. 저 또한 그 생각에 동의했기에 티치 프로그램에 친화성을 갖는 곳으로 딸의 담당 의료기관도 바꾸고, 다니던 발달지원센터도 옆 도시의 국립시설 소속 기관으로 바꾸었습니다. 새로 만난 저의 딸의 주치의와, 새 발달지원센터(딸은 취학 전 2년간 이곳을 다녔습니다)에서는 티치를 표방하면서, 고통스럽게 아이를 교육하지 말 것과 조급하게 서두르지 말 것을 권했습니다. 그 과정에서 사사키 선생님에 대해 알게 되고, 그 교육 이념에 공감하게 되었습니다.

티치 프로그램은 장애를 '극복'하는 것을 목표로 하는 것이 아니라 장애를 하나의 개성으로 보고 이 개성과 더불어 사는 것을 추구한다는 측면에서 비자폐인들의 이해와 도움을 전제로 합니다. 그런데 일본 사회는 남에게 폐 끼치는 것을 극도로 꺼리는 사회이며 어찌 보면 교육 현장에서 한국보다 더 획일적이고 권위주의적인 부분도 존재합니다. 또한 생산성 중심 사회로, 높은 노동강도와 생산능력이 요구됩니다. 이런 사회에서 티치를 실천하는 데는 많은 어려움이 따랐을 것입니다. 티치는 사회에 도움을 당당하게 요구해도 된다고 주장합니다. 생산능력이 높지 않아도 행복하게 살아갈 권리가 있다고 합니다. 남과 달라도 그것을 '극복'하지 않아도 된다고 합니다. 장애를 '극복'해야 한다는 사고방식이 강한 사회에서 반발이 있을 것은 충분히 예상할 수 있습니다. 그러나 사사키 선생님과 선생님이 길러낸 후학들, 그리고 티치를 운동으로 함께 이끈 부모들은 일본의 자폐 교육을 크게 바꾸었고, 그 실천 사례는 티치의 이념을 한국에 소개하고 실천하고자 하는 분들에게 큰 용기를 줄 수 있다고 생각합니다.

티치에 관해서 본고장 미국의 책이 아닌 일본의 책을 소개한 이유는, 티치라는 낯선 이론을 아직 특수교육에 대한 방법론과 지원이 노스캐롤라이나보다 현저하게 취약한 사회에 가져와 보급시킨 사사키 선생님의 여정이 기록되어 있기 때문입니다. 사실, 서구 사회는 딱히 특수교육 분야가 아니더라도 시각화, 구조화가 일상에 스며 있습니다. 영국에서 유학할 때 같은 연구실 동료가 작업하던 모습을 떠올려 보면 티치에서 말하는 시각화, 구조화에 가까운 작업 방식이었음을 이제는 압니다. 그러나 우리 사회에서는 티치의 방법이 생소할 수도 있다고 생각합니다. 따라서 앞서 그러한 문제들을 겪고 극복해 간 경험이 있는 사사키 선생님의 책이 티치를 이해하는 데 좀 더 도움이 될 것이라 판단했습니다.

이 책 덕분에 저는 아이를 좀 더 잘 이해하게 되었고, 문제 행동에 어떻게 대응하는지 배웠으며, 무엇보다도 고통스러운 치료교육을 하지 않아도 된다는 것을 확신하게 되어 생활이 좀 더 즐거워졌습니다. 또한 이 책은 자폐아의 어린 시절의 교육만이 아니라 인생 전체를 장기적으로 조망하면서 예측하고 계획을 세울 수 있게 해 줍니다. 어릴 때 단기간의 치료교육에만 집중할 것이 아니라 평생을 그들의 자립을 응원하며 때로는 도움의 손길을 내밀기도 하며 계속적으로 지켜봐야 합니다.

티치의 '시각화, 구조화' 방법은 매우 유용하기 때문에 일본의 치료교육 현장에서는 티치 프로그램 자체를 잘 모르는 사람들도 그 응용 사례를 실천하는 경우가 많다고 합니다. 또한 제가 사는 지역에서는 국립시설에서 티치를 표방하고 있고, 특수학교의 자문을 맡고 있는 소아정신과 의사의 강연에서도 티치를 중요시하고 있습니다. 그러나 특수학교가 티치 프로그램을 공식적인 교육 방법으로 채택하고 있지는 않습니다. 티치를 본격적으로 도입하려면 환경을 바꾸어야 하고 여러 설비도 필요하게 되는 등 예산 문제가 따르므로 학교 전체가 아니라 학급별로, 교사의 재량으로 학교 예산 범위 내에서 형편껏 실천하고 있는 상황입니다. 현재 제가 사는 지역의 특수학급 교사인 지인은 "티치를 본격적으로 도입하지는 않더라도 어떤 형태로든 티치의 일부 아이디어를 활용하는 학급은 거의 대부분일 것"이라고 말했습니다.

티치는 사사키 선생님의 말처럼 아이의 특징에 맞춰 형편대로 실천하는 것이므로 이 책에 나와 있는 사진과 같은 사례를 반드시 따를 필요는 없습니다. 학교에서나 가정에서도 예산과 형편, 아이의 특성에 맞게 할 수 있는 것부터 조금씩 실천하면 좋을 것입니다. 티치가 가정에서 실천하기에는 어렵지 않겠느냐는 의견도 있습니다. 이 책에 나오는 사진들을 보고 취학 전 자폐아를 키우는 어머니는 '이런 걸 다 어떻게 만들지, 엄두가 안 난다'라고 생각할 수도 있습니다. 종일 아이 쫓아다니기도 힘든데 무슨 방을 꾸미고, 그림카드를 만드느냐고 말이지요. 그러나 이 책에 나오는 사진들은 이상적인 형태의 한 예일 뿐, 꼭 그런 환경을 꾸며야 한다는 것이 아닙니다. 이 책을 잘 읽어 보면 '아동 한 명 한 명에 맞게, 각 가정과 아동의 상황과 특성에 맞게' 실천하는 것이 중요하다고 강조합니다. 그러므로 쉽고 즐거운 것부터, 할 수 있는 것부터 하면 된다는 것을 믿고 가벼운 마음으로 시작해 보면 좋을 것 같습니다.

얼핏 본 느낌만큼 어렵지도 않습니다. 물리적 구조화 재료는 생활용품점이나 문구점 같은 곳에 가면 대부분 구할 수 있고, 그림카드 만들기는 부모가 직접 그림을 그리기 힘들 경우 인터넷에 'PECS'를 검색하면 그림들이 나옵니다. 유튜브에서도 관련 동영상을 얻을 수 있습니다. 요즘은 스마트폰의 앱에도 그림을 이용한 의사소통 도구들이 있으므로 그런 것들을 활용하시면 좋을 것입니다. 처음부터 여러 가지를 만들려고 하지 말고, 아이가 제일 좋아하는 음식이나 놀이로 카드를 한 장만 만들어 본다든지, 실물 한 가지로 의사소통을 시도해 본다든지 해서 우선 성취하는 즐거움을 아이와 부모님이 체험하는 것이 중요합니다.

이 책에 나오는 본격적인 작업 시스템이나 개별 책상 같은 것들은 고학년이 되어서 실시하는 것들이므로 아직 어린 자녀를 키우시는 부모님은 조급하게 여러 가지 사례를 시도하려고 서두르지 않아도 됩니다. 나중에 이런 식으로 교육 실천을 발전시켜 나간다는 점을 염두에 두고, 이 책에 나오는 기초적인 의사소통 방법으로 즐겁고 편하게 티치를 시작하셨으면 합니다.

일본에서는 티치를 실천하는 곳이 많다 보니, 저 자신도 그 기본 이념은 생각하지 않고 보이는 사례만 따라했던 경우가 많았습니다. 이 책을 번역하면서 사사키 선생님의 생각을 차근차근 따라가다 보니 선생님이 왜 했던 말을 자꾸 반복하면서 티치의 근본 이념을 계속 강조했는지 이해하게 되었습니다. 번역을 하기 전에는 다 비슷비슷해 보였던 시각화 및 구조화 중심 시설들이 갖는 방향성의 차이들이 잘 보이게 되었고, 티치를 실천할 때 이런 점들을 유의해야 한다는 것이 크게 와 닿았습니다. 예를 들면 똑같이 그림카드를 이용하는 치료교육 시설들도 그 카드를 주로 아이에게 지시하고 강요하기 위해 사용하는가, 아이가 자발적으로 즐거운 일들을 선택하는 데 주로 사용하는가의 차이가 보였습니다. 카드의 초기 사용에서 지시나 강요로 인해 카드에 대해 나쁜 인상을 갖게 하는 시설에서는 아이들이 카드를 거부하는 경우가 생기게 됩니다.

아무리 훌륭한 교육이론도 실천을 하면서 그 근본 이념을 망각하고, 어른이 위로부터 아이에게 강요하는 식이 되어서는 안 될 것입니다. 티치 또한 자칫 기계적으로 받아들일 경우 아이들에게 오히려 고통을 줄 수 있습니다. 사사키 선생이 몇번이고 강조한 것이 한 사람 한 사람에게 맞는 정확한 평가와 세심한 지원입니다. 예를 들어 아이마다 인식하기 쉬운 매체가 다른데, 어떤 시설에서는 신발장의 자리 표시를 위해 아이들 얼굴 사진을 획일적으로 붙여 놓는 경우가 있습니다. 사진 인식은 서툰 대신 오히려 문자를 더 잘 알아보는 아이도 있으므로, 이런 아이에게는 이름을 문자로 표시하는 것이 좋습니다.

또 하나 중요한 것은 부모와 교사 간에 상호 존중하고 계속 소통하는 수평적 인간관계를 만들어야 한다는 것입니다. 발달관련, 특수교육 관련 시설의 교사와 학부모는 수직적 관계가 되기 쉽습니다. "아이를 맡아 주는 것만으로도 고마워서 불만을 말하기 미안하다", "내가 전문가도 아닌데, 프로인 선생님이 더 잘 알아서 지도하시겠죠" 식의 말을 하는 부모들이 많습니다. 티치에서는 개별적으로 아이를 정확히 파악하고 지도해야 하므로 교사와 부모는 계속 소통해야 합니다. 소통이 충분하지 않으면 앞서 본 것처럼 아이들 신발장에 모조리 얼굴 사진을 붙이는 획일적인 방식을 취하게 됩니다.

한편, 티치에서 강조하는 '자립'과 '자율성'도 오해를 낳기 쉬운 부분입니다. 자립과 자율성만 지나치게 강조하는 특수교육 시설에서는 남한테 도움을 절대 바라지 말고 무엇이든 스스로 하라고 엄격하게 가르치며 사회로부터 고립된 상태로 몰아가는 경우가 있습니다. 티치에서 추구하는 자립과 자율성은 사회 속에서 더불어 살아가기 위한 것입니다. 무엇이든 스스로 하는 것이 자립과 자율이 아니라, 남들에게 도움을 떳떳하게 요청하며 자기답게 살아갈 수 있는 상태를 말하는 것입니다. 자율성 또한 기계적으로 스스로 척척 해내는 것이라기보다는 자신이 어떤 행위를 이해하고, 하고 싶다고 의사표시를 하고 상호 합의된 행위를 적극적으로 하게 한다는 의미가 강하다고 생각합니다.

이 책에서는 이러한 티치의 근본적인 이념들을 잊지 않도록 계속 일깨워 줍니다. 그리고 궁극적으로 티치 프로그램이 추구하는 사회상을 제시하고 있습니다. 그것은 서로 다른 사람들이 그 다름을 이해하고, 받아들이고, 존중하며, 공존하는 사회입니다. 지금 우리 사회는 치열한 경쟁 끝에 살아남지 못하는 자는 낙오되는 비정한 곳입니다. 이 책이 지향하는 사회는 기능이 낮으면 낮은 대로 적절한 지원을 받으며 자기 자신으로 살아갈 수 있는 곳입니다. 장애인이 사회에 무임승차하는 단순한 수혜자가 아니라 사회 속에서 사람들과 함께 즐거움을 서로 주고받을 수 있는 사례들이 나와 있습니다. 이곳에 나오는 노스캐롤라이나와 요코하마의 환경이 너무 이상적이어서 우리에게는 비현실적으로 느껴질 수 있습니다. 그러나 이상적인 환경이 존재한다는 것은 그 실현 가능성을 보여 주는 것이라고 생각합니다. 자폐인의 유아기부터 노년에 이르기까지 삶을 지켜 주는 시스템이 존재한다는 점에서 희망을 가질 수 있습니다. 자폐인을 이해하고 구체적으로 어떤 방식으로 그들을 도울 수 있는지, 자원봉사의 구체적인 사례까지도 여가 활동을 소개하는 부분에 나와 있으므로 자폐인을 돕고자 하는 분들에게 참고가 될 것입니다. 이 책이 우리가 생각하는 더불어 살아가는 사회를 구상하는 데 지침이 되고 희망을 주었으면 좋겠습니다. 앞으로 인구는 고령화하고, AI나 로봇 등이 사람의 생산능력을 능가하게 될 때, 생산능력이 낮은 사람들은 사회에서 치워 버리는 것이 아니라 생산능력이 높으면 높은 대로, 낮으면 낮은 대로 저마다 능력을 발휘하며 다름을 존중하고 서로 도우며 사는 사회를 바라는 것은 비현실적인 망상이 아닐 것입니다. 티치는 지속가능한 사회를 향한 현실적이고 구체적인 프로그램이라는 것을 이 책의 사례들이 보여 주고 있습니다.

이처럼 모두가 서로 도우며 함께 살아가는 사회의 모습을 제시한 티치 프로그램을 우리나라에 소개하는 기회를 갖게 된 것을 기쁘게 생각하며, 이런 기회를 주신 마고북스 노미영 대표님께 진심으로 감사드립니다. 번역에 도움을 준 남편 오쓰카 사토루에게도 감사의 마음을 전합니다. 그리고 무엇보다 자폐증의 세계라는, 또 다른 넓은 세상으로 나를 안내해 준 딸아이에게 고맙다고 말하고 싶습니다.

2019년 9월
일본 군마현에서 이윤정

취재 협력

가가와 대학 교육학부 부속 특수학교 香川大学教育学部附属特別支援学校

사회복지법인 요코하마 야마비코노 사토 社会福祉法人横浜やまびこの里

다카쓰키시 교육위원회 高槻市教育委員会

다카쓰키 시립 고료 초등학교 高槻市立五領小学校

다카쓰키 시립 마루바시 초등학교 高槻市立丸橋小学校

도쿄 가쿠게이 대학 부속 특수학교 東京学芸大学附属特別支援学校

도쿄 도립 나나오 양호학교 東京都立七生養護学校

가네코 게이코 金子啓子

사카이 사토시 坂井聡

시게마쓰 고지 重松孝治

니자와 노부코 新澤伸子

도미오카 고이치 富岡康一

반 미쓰아키 伴光明

참고 도서

티치의 기본을 이해하기 위해

(1)藤岡 宏『自閉症の特性理解と支援－ＴＥＡＣＣＨに学びながら』ぶどう社，2007

(2)ロード.C，ショプラー.Eほか（佐々木正美．青山均／監訳）『自閉症児のためのコミュニケーション指導法』岩崎学術出版社，1994

(3)メジボフ.G，ハウリー.M（佐々木正美／監訳）『自閉症とインクルージョン教育の実践－学校現場のＴＥＡＣＣＨプログラム』岩崎学術出版社，2006

(4)メジボフ.G，シア.V（服巻 繁，梅永雄二，服巻智子／訳）『アスペルガー症候群と高機能自閉症－その基本的理解のために』エンパワメント研究所／筒井書房，2003

(5)Mesibov.G，Shea.V and Schopler.E『The TEACCH Approach to Autism Spectrum Disorders』Kluwer Academic／Plenum Publishers，New York，2005

(6)パーマー.A（服巻智子／訳・解説）『発達障害と大学進学－子どもたちの進学の夢をかなえる親のためのガイド』クリエイツかもがわ，2007

(7)佐々木正美／編集『自閉症のＴＥＡＣＣＨ実践』(1)(2)(3)岩崎学術出版社，2002, 2005, 2007

(8)佐々木正美／文，宮原一郎／画『ＴＥＡＣＣＨビジュアル図鑑－自閉症児のための絵で見る構造化』(1)(2)学習研究社，2004, 2006

(9)ショプラー.Eほか（佐々木正美／監訳）『自閉症の治療教育プログラム』ぶどう社，1985

(10)ショプラー.E，茨木俊夫『改定ＰＥＰ－心理教育診断検査』川島書店，1987

(11)ショプラー.E，ランシング.Mほか／編著（佐々木正美，青山 均／監訳）『自閉症児の発達単元267－個別指導のアイデアと方法』岩崎学術出版社，1988

(12)ショプラー.Eほか（佐々木正美／監訳）『ＣＡＲＳ－小児自閉症評定尺度』岩崎学術出版社，1989

(13)ショプラー.E，佐々木正美／監修『自閉症の療育者』神奈川県児童医療福祉財団，1990

(14)ショプラー.E，茨木俊夫『新訂 自閉児・発達障害児教育診断検査─心理教育プロフィール（ＰＥＰ－Ｒ）の実際』川島書店，1995

(15)ショプラー.E／編著（田川元康／監訳）『自閉症への親の支援－ＴＥＡＣＣＨ入門』黎明書房，1997

(16)内山登紀夫『本当のＴＥＡＣＣＨ－自分が自分であるために』学習研究社，2006

(17)梅永雄二『自閉症の人のライフサポート－ＴＥＡＣＣＨプログラムに学ぶ』福村出版，2007

(18)梅永雄二『自閉症の人の自立をめざして－ノースカロライナにおけるＴＥＡＣＣＨプログラムに学ぶ』北樹出版，2007

(19)ドカティ.J，佐々木正美（重松加代子／訳）『新ＴＥＡＣＣＨ連載セミナー(3)／高機能自閉症とアスペルガー症候群のためのＴＥＡＣＣＨプログラム』国際治療教育研究所．2003

(20)ピータース.T，佐々木正美（重松加代子／訳）『新ＴＥＡＣＣＨ連載セミナー(1)／ＴＥＡＣＣＨは自閉症療育の質を保障するというヨーロッパの現状－高機能自閉症者の認知能力の諸相』国際治療教育研究所．2005

티치의 발전을 이해하기 위해

(1)ベイカー.J（門 眞一郎，禮子・カースルズ／訳）『写真で教えるソーシャル・スキル・アルバム』明石書店，2007

(2)ボンディ.A，フロスト.L（園山繁樹，竹内 康二／訳）『自閉症児と絵カードでコミュニケーション』二瓶社，2006

(3)グレイ.C（門 眞一郎／訳）『コミック会話』明石書店，2005

(4)グレイ.C（服巻智子／訳・解説）『お母さんと先生が書くソーシャルストーリー』クリエイツかもがわ，2006

(5)西島衛治『自閉症児の教室の構造化』小林出版，2005

(6)坂井 聡『自閉症や知的障害をもつ人とのコミュニケーションのための10のアイデア』エンパワメント研究所／筒井書房，2002

(7)佐藤 曉『発達障害のある子の困り感に寄り添う支援』学習研究社，2004

(8)佐藤 曉『見て分かる困り感に寄り添う支援の実際』学習研究社，2006

(9)佐藤 曉『自閉症児の困り感に寄り添う支援』学習研究社，2007

(10)サブナー.J，マイルズ.B（門 眞一郎／訳）『家庭と地域でできる自閉症とアスペルガー症候群の子どもへの視覚支援』明石書店，2006

(11)緒方克也『絵カードを使った障害児歯科診療―視覚支援の考え方と実践』医歯薬出版，2008

(12)ドリフテ.C（納富恵子／監訳）『特別支援教育の理念と実際』ナカニシヤ出版，2006

(13)納富恵子，今泉佳代子，黒木雅代／編著『イラスト・まんがが教材で「気持ち」を理解―自閉症スペクトラム児の発達支援』川島書店，2006

자폐증을 더 깊이 이해하기 위해

(1)服巻智子／編著. ニキ・リンコほか『自閉症スペクトラム青年期・成人期のサクセスガイド』クリエイツかもがわ，2006

(2)ハウリン.P，ラター.M／編著（石坂好樹，門 眞一郎／監訳）『自閉症の治療』ルガール社，1990

(3)熊谷高幸『自閉症－私とあなたが成り立つまで』ミネルヴァ書房，2006

(4)太田昌孝，永井洋子／編著『自閉症治療の到達点』日本文化科学社，1992

(5)太田昌孝，永井洋子／編著『認知発達治療の実践マニュアル』日本文化科学社，1992

(6)サットマリ.P（佐藤美奈子，門 眞一郎／訳）『虹の架け橋－自閉症・アスペルガー症候群の心の世界を理解するために』星和書店，2005

(7)杉山登志郎／編著『アスペルガー症候群と高機能自閉症の理解とサポート』学習研究社，2002

(8)杉山登志郎／編著『アスペルガー症候群と高機能自閉症－青年期の社会性のために』学習研究社，2005

(9)ウイング.L（久保紘章，佐々木正美，清水康夫ほか／訳）『自閉症スペクトル－親と専門家のためのガイドブック』東京書籍，1998

(10)グランディン.T（カニングハム久子／訳）『我、自閉症に生まれて』学習研究社，1994

(11)グランディン.T（カニングハム久子／訳）『自閉症の才能開発』学習研究社，1997

(12)ショア.S（森 由美子／訳）『壁のむこうへ』学習研究社，2004